交际语境作文教学理论与实践

薛 琳◎著

时代文艺出版社

图书在版编目（CIP）数据

交际语境作文教学理论与实践 / 薛琳著. -- 长春：时代文艺出版社, 2023.12
ISBN 978-7-5387-7468-9

Ⅰ.①交… Ⅱ.①薛… Ⅲ.①汉语－应用文－写作 Ⅳ.①H152.3

中国国家版本馆CIP数据核字(2024)第039634号

交际语境作文教学理论与实践
JIAOJI YUJING ZUOWEN JIAOXUE LILUN YU SHIJIAN

薛琳 著

出 品 人：吴　刚
责任编辑：孟宇婷
助理编辑：赵兵欣
装帧设计：文　树
排版制作：隋淑凤

出版发行：时代文艺出版社
地　　址：长春市福祉大路5788号　龙腾国际大厦A座15层　（130118）
电　　话：0431-81629751（总编办）　0431-81629758（发行部）
官方微博：weibo.com/tlapress
开　　本：710mm×1000mm　1/16
字　　数：206千字
印　　张：14
印　　刷：廊坊市广阳区九洲印刷厂
版　　次：2023年12月第1版
印　　次：2023年12月第1次印刷
定　　价：76.00元

图书如有印装错误　请寄回印厂调换

前　言

　　教育领域中的交际语境作文教学理论与实践备受瞩目。随着全球化的加速和跨文化交流的增加，人们更加重视语言的交际功能，学习者强调在实际交际情境中有效地表达自己的思想并输出观点。因此，交际语境作文教学研究变得至关重要。本书将探讨这一领域的理论基础和实际应用，以期为教育从业者提供如何教授和评估学生写作能力的有益信息。交际语境作文教学理论强调学生在写作过程中要注重沟通和交流的目的，而不仅仅是传达信息。这种理论认为，写作是一种社交活动，它要求学生了解目标受众和情境，以便能够选择合适的语言和表达方式。在实际教学中，教育者需要帮助学生培养写作技巧，以在特定交际情境中有效地表达自己的观点。

　　实践方面，交际语境作文教学要求教育从业者采用多种策略，帮助学生更好地理解写作的目的，提高写作技能，培养批判性思维和文化意识。通过深入研究交际语境作文教学理论与实践，教育从业者可以更好地帮助学生在写作中表达自己，提高语言能力及跨文化交际技能。

目 录

模块一　理论篇

第一章　语境问题的回顾
第一节　国外语言学对语境问题的研究 …………………… 004
第二节　中国语言学对语境问题的研究 …………………… 023

第二章　交际语境因素分析
第一节　交际语境的可能因素 …………………………… 045
第二节　交际语境的可能因素与言语交际行为的对应关系 …… 047
第三节　交际语境因素间的相互作用 …………………… 051
第四节　交际语境话语系列的环境因素 ………………… 054
第五节　交际现场的语境因素 …………………………… 058

第三章　交际语境写作理论概述
第一节　交际语境写作概念界定 ………………………… 061
第二节　交际语境写作理论视野下任务驱动型作文教学价值探析　064

第三节　交际语境写作理论在任务驱动型作文教学中的优势　　071

第四章　交际语境下的写作思维研究

　　第一节　写作能力发展与思维培养 …………………………… 074

　　第二节　与写作教学相关的思维概念 …………………………… 076

　　第三节　写作教学中思维培养理念差异 ………………………… 084

　　第四节　交际语境下写作教学发展思维的要领 ………………… 097

模块二　实践篇

第五章　交际语境理论下作文教学策略与路径

　　第一节　交际语境写作：写作教学的发展方向 ………………… 111

　　第二节　交际语境理论下任务驱动型作文教学策略 …………… 119

　　第三节　交际语境写作理论贯穿写作任务探究活动 …………… 132

　　第四节　交际语境写作理论融入写作教学活动的方法 ………… 136

第六章　小学交际语境作文教学与案例

　　第一节　小学交际语境写作教学1 ……………………………… 143

　　第二节　小学交际语境写作教学2 ……………………………… 151

　　第三节　小学交际语境写作教学3 ……………………………… 155

　　第四节　小学交际语境写作教学4 ……………………………… 159

第七章　初中交际语境作文教学与案例

　　第一节　初中交际语境写作教学1 ……………………………… 163

　　第二节　初中交际语境写作教学2 ……………………………… 171

第三节　初中交际语境写作教学 3 …………………………………… 177

第四节　初中交际语境写作教学 4 …………………………………… 181

第八章　高中交际语境作文教学与案例

第一节　高中交际语境写作教学 1 …………………………………… 188

第二节　高中交际语境写作教学 2 …………………………………… 195

第三节　高中交际语境写作教学 3 …………………………………… 201

第四节　高中交际语境写作教学 4 …………………………………… 209

参考文献 ……………………………………………………………… 214

模块一　理论篇

第一章　语境问题的回顾

"语境"是"语言环境"或者"言语环境"的简略形式，指的是对应于语言现象并对语言现象的发生与存在产生作用的环境。所谓语言现象不仅包括语言系统这一本体的存在，而且包括这一本体在人类现实生活中的运行，即言语行为以及这一行为的结果。言语行为一旦发生在人与人之间，也就意味着发生了言语交际行为。而言语交际行为是人类社会生活的不可或缺的组成部分。这一社会活动的进行离不开三个重要因素的作用：交际的主体（人）、交际的媒介（语言）和交际的语境。其中，交际的语境是影响言语交际的环境因素，对言语交际的进行发挥着制约与引导的作用，直接影响着话语意义的表达和理解，直接关系到言语交际的结果。

无论是语言的存在，还是言语行为的发生，以及言语交际的完成，都与语境的作用有着直接的关系。所以，随着语言学的不断发展，人们越来越重视对语境的研究与探讨，并从不同的角度出发，提出了各种各样的研究方法和理论假说。回顾并借鉴前人的成果，不仅对推进语境问题的研究，进一步认识语境的结构和功能有着十分重要的意义，而且是不可缺少的基础。基于这样的认识，本书将回顾国内外有关语境研究的主要思想作为探索历程的起点。

第一节　国外语言学对语境问题的研究

一、语境研究的发端及内涵解读

（一）马林诺夫斯基的观念

国外语言学对语境的研究发端于英国，第一位代表人物是功能主义人类学家和语言学家马林诺夫斯基。在马林诺夫斯基的理论之中，任何文化的形式都是其运作的方式，是由其在社会生活中的功能决定的。文化的社会功能决定了文化的具体形式，而要弄清文化的社会功能又离不开文化发挥功能的社会环境。例如，家庭的功能是把一个孩童转变成为社会的正式公民。要想弄清某一家庭如何把一个孩童转变成为社会的正式公民，就必须了解这个家庭的人员结构、经济生活等环境因素。

人是由复杂的文化环境塑造的。人的一切行为逃脱不了文化的影响。识别一个文化事实意味着要理解生活于该文化之中的人们的行为。而理解一个人的行为又意味着要解释清楚这个人对其所在环境的反应。马林诺夫斯基指出：既然功能决定形式，那么只有通过研究文化的功能才能弄清文化的根本性质和结构；而要从功能的角度研究文化，就要把一切文化事实放在它们的环境之中。

在马林诺夫斯基看来，在任何人类社会，语言都是与文化经验一同发展的。语言是文化整体中不可分离的一部分，"是一套发音的习俗及精神文化的一部分"。既然语言是文化的一部分，那么语言研究也必须在环境之中探讨语言的功能，这样才能弄清语言的形式结构。他甚至预言"未来的语言学，尤其是语义科学，将变成文化场景中的语言研究"。马林诺夫斯基对于语言研究的这一观点，对后来的英国语言学家韩礼德产生了非常大的影响。韩礼德本着功能决定形式的思想，从语言在人类社会所能发挥的功能这一角度来探讨语言的结构系统。

马林诺夫斯基提出的"情景语境"这一概念指的是一个可以分解的社会过程，是一系列的社会事件，其中言语事件是整个社会过程中的中心事件。他认为：语言的运用与人类的一切活动相关联，而且是"一切身体上的行为所不能缺少的配合物"；语言的意义"就是它在协同动作中所获得的成就"，它包含在情境语境之中，"时常就是人为了直接地对付他人的动作而间接地运用环境的效果"。在文化现实中，一个声音只有通过它产生的影响才能是真实的，必须与文化的其他方面联系起来考察。因此，马林诺夫斯基反对把意义看作是语言本身具有的神秘内容，可以在发音中从一个人传给另一个人。

（二）弗斯的观念

弗斯继承了他的老师马林诺夫斯基关于"言语环境中的完整的话语才是真正的语言事实"的学说，认为语言的意义就是语言在环境中的功能，并坚持把语言放在环境之中研究。他不仅修正了马林诺夫斯基提出的情景语境的概念，而且初步阐述了在语境之中研究语言的理论和方法。

弗斯主张把语言作为社会过程的一个部分来研究。他认为分析语言涉及两种关系：一是语言内部的关系，包括结构成分之间的组合关系和系统内部的可替换成分之间的聚合关系；二是情景关系，包括情景语境的内部关系和言语成分、参与者、事件等之间的分析关系。弗斯的语言学的核心是把意义切分为一系列的功能。每个功能都定义为与某一语境相关的语言形式的运用。语义就是这些功能的复合体，其基本成分包括：语音的功能、词汇的功能、形态的功能、句法的功能和整个言语在特定语境的功能。

弗斯指出，情景语境是社会过程中反复出现的典型言语事件的图式结构，它保证言语是普遍的用法，其中偶然的、个人的和奇特的特征不是关注的中心。情景语境的建立是为了识别语言用法，把言语看作语境的一个成分有助于解释意义，因为语义不仅是各种功能的复合体，而且也是语境关系的复合体。情景语境不只是言语的场景（scena）或背景（background）。言语本身也是语境的构成成分，它与情景语境的其他成分按照相关性建立联系。

在弗斯的理论之中，"情景语境"的概念具有抽象的性质，它由一组相互关联的言语、非言语的范畴构成。他认为，情景语境使得下列范畴彼此关联：言语交际参与者，包括作为社会成员的人、他们的人格以及其他相关特征；相关物品、非言语和非个人事件；言语行为的效果。需要注意的是，弗斯的"人格"概念不仅指言语社团的整体特征，而且指交际者的个体特征。言语交际参与者的行为分为言语行为和非言语行为。从构成成分之间的内在联系来描述情景语境可能涉及下列主要因素：参与者所处社会的经济、宗教等社会结构，话语的类型，参与者之间的交互关系，言语功能的种类。这些因素的相互作用构成言语事件的情景语境。

情景语境与语言功能之间可能相互对应。例如，二者之间的这种对应关系可以在为学习者提供的火车站图片和乘车旅行指南的语言手册里找到。这种关系中的情景语境可能非常简略，但是它与语法规则平行，而且是以社会生活行为的反复程序为基础的。给某人一个反映某一社区（例如，伦敦东区）典型言语事件的一个简短句子，他（她）便有可能猜出该句出现的情景语境。同样，根据某一情景语境的信息，他（她）也有可能说出具有相应功能的句子。

弗斯认为，情景语境是在社会层面上的抽象概括，并且构成语义解释的基础。做出这种抽象概括，并用情景语境的各种范畴来分析社会的言语过程，语言学便可以采用类似于把光分解成不同光谱的方法来描写语言。针对索绪尔把语言学的研究对象限定在存在于集体意识之中的抽象语言，弗斯强调了对作为社会成员的人的研究。他把语言研究与社会人的本性（nature）联系起来，在语言研究中把人作为社会成员而不是个体来考虑。也就是说，他从人的社会角色的角度来研究语言现象。同时，弗斯把人格和语言看作社会过程中的两个不同矢量，认为社会中的语言和人格是语言学的基础。人格的概念在弗斯的语境思想中占有非常重要的地位。他认为，社会人的连续性、人格的发展与语言的连续性和发展之间有着各种对应性。

他把影响人格形成的因素分为两大类:

1. 本性,即生物遗传或生理继承;

2. 教养,其中包括语言的学习。为了生存,年轻人必须不断地融入社会;在社会和团体中,一个人可以找到自己的人格。

可以看出,弗斯的"情景语境"是一个内涵丰富的概念。其中不仅包含外在的社会因素和言语因素,而且包含内在的主体因素,例如人格。在人格如何形成的问题上,弗斯的观点又与现代人格心理学的理论基本一致,即人格的形成既有生物遗传的作用,又有社会环境的作用。既然交际参与者的人格也是情景语境的一个构成因素,那么具体的情景语境就应该不仅具有言语社团的整体特征,而且具有交际者的个体特征。遗憾的是,在弗斯的语言研究中,交际者更多的是被当作社会成员而不是个体来考虑的,因此他所谓的人格也更多的是指社会成员的共同特征,而非个体特征。这样,情景语境可能具有的个体特征事实上是被忽视了。再者,弗斯的情景语境是一个社会层面上的抽象概念,与之对应的是各种语言功能,而非具体的言语行为。在他看来,情景语境的建立是为了识别语言用法,是为了保证言语符合普遍的用法,其中的个人特征不是关注的中心。可见,他的情景语境是语言的,而不是言语的;它是社会的,而不是个体的。弗斯试图用一个抽象的概念来研究和说明另一个抽象的概念。另外,弗斯认为情景语境是由各种因素相互作用而构成的。然而,这些因素是如何相互作用而构成情景语境的,情景语境的具体结构与各种因素之间的相互作用有着怎样的关系,他却没有给予阐述。

二、语境理论的延伸

(一) 韩礼德的语境理论

20世纪60年代,韩礼德继承、发展了马林诺夫斯基和弗斯的语境思想,并且逐渐形成了自己的语境理论。首先,韩礼德把语境引入他的语言学研究之中是受到了马林诺夫斯基的功能主义理论的影响。马林诺夫斯基认为：功能决定形式，功能决定结构；要研究某一文化事实的形式和结构，就要先观察分析这一文化事实在社会生活中所发挥的作用或所具有的功能。语言是文化整体中不可分离的组成部分，因此对于语言结构的研究也要建立在观察和分析语言的社会功能的基础之上，而要观察和分析语言的社会功能又离不开语言赖以存在、赖以运作的环境。韩礼德将语境这一层面引入自己的语言学理论中，其目的就在于通过观察和分析语言在社会生活中所发挥的作用和所具有的功能，从语言与社会的关系出发，从语言的外部（即社会结构）来研究语言本体的结构系统。可以说，韩礼德的语境理论是为其语言系统结构的研究服务的。再者，韩礼德继承了弗斯的语言学方法，认为语言学的任务之一就是把情景语境类型化、抽象化。他把情景语境的各种因素归纳、抽象成为三个既独立于具体的语境又为所有的语境共有的变量，并且研究这三个变量如何支配语义结构的选择和使用。

韩礼德最初的语境理论建立在20世纪60年代。他在《语法理论的范畴》中指出：语言有三个基本层次，即实体（substance，即语言的原始材料，例如声音和书写符号）、形式（form，即把原始材料变成为有意义的语言事件的组织结构）和语境（context）。韩礼德此处的"语境"指的是形式与语言事件中的非语言要素以及没有直接进入话语的语言要素之间的关系。这两类要素都是语篇外的要素，它们与话语的情境意义有关。后来，韩礼德在《语言与社会人》中又提出了"语域"的概念。所谓"语域"就是语言在不同语境之中形成的各种功能变体或语义变体，用韩礼德的话说，就是"社会成员选择的与某一情景类型相对应的语义结构"。语域理论的目的在于发现引起这些语言变体的一般规律，以便我们能够了解哪些环境因素决定哪些语言特征。

韩礼德认为，语境因素的区别主要有三个方面，即当时发生的事件、事件的参与者和语言所发挥的作用。他指出，正是这三个方面的语境因素的共同作用决定了语言的不同语域。他又根据这三个方面的区别，把语境因素概括为三组变量，分别称为"话语范围""话语基调"和"话语方式"。"话语范围"指的是语言出现的交际现场，不仅包括交际的话题，而且包括交际现场参与者的整个行为。"话语基调"指的是交际参与者之间的关系，不仅涉及正式程度的不同，而且涉及关系持久与否、情感程度如何等问题。"话语方式"指的是交际的通道，不仅是口头与书面之间的选择，而且是与语言角色有关的更为细节性的选择。这三组变量之间相互作用就构成了言语交际的情景语境。

情景语境的这三组变量与语义系统的三个纯理功能之间具有动因的关系。具体说来，语境的话语范围这一变量激发语义系统中的概念功能，话语基调激发语义系统中的人际功能，话语方式激发语义系统中的语篇功能。概念功能包括经验功能和逻辑功能，前者是语言对人们现实世界（包括内心世界）各种经历的表达，后者是语言对语义单位之间逻辑关系的表达。人际功能是说话者作为干预者（intruder）的一种"意义潜势"。它不仅使得说话者参与到某一情景语境之中表达自己的态度和推断，并影响他人的态度和行为，而且表示与情景有关的各种角色关系，包括交际主体之间的现场交际角色的关系。语篇功能就是在语义层面把语言成分组织成为语篇的功能。它通过主位结构、信息结构和衔接三种方式得到体现。韩礼德坚持认为，有了情景语境，便可以对相应的语言功能进行推测，进而对语义结构进行推测；反之，有了语义结构也可以推测相应的语言功能，进而推测相应的情景语境。情景语境与语义结构之间具有对应的推测关系。

韩礼德语境理论的主要贡献在于把情景语境的各种构成因素概括为话语范围、话语基调和话语方式三组变量。通过话语范围激发概念功能、话语基调激发人际功能、话语方式激发语篇功能的这种对应关系，韩礼德的语境理论比较系统地解释了语境对于语义选择的影响和作用，从而避免了其他语境理论简单列举语境因素而引起的琐碎无序的问题，或笼统指出语境对于语义选择、言语交际具有制约影响作用而忽视了语境的制约机制的系统性所引起的缺乏可操作性的问题。但是，需要指出的是，语境对于语义选择的制约作用不是单纯的一对一的对应关系，而是多元相互作用的关系。一方面，情景语境的三组语境变量不是彼此孤立、互不相干的。它们相互联系、相互作用，共同构成一个语境网络系统。某一语境变量不仅对与之对应的纯理功能发生影响作用，而且会对其他两种纯理功能发生作用。另一方面，语言系统的三个纯理功能也不是彼此孤立、互不相干的。它们也是相互联系、相互作用，从而构成一个语义系统。每一纯理功能的选择不仅受到与之对应的语境变量的影响，而且会受到其他两组语境变量的影响。这样看来，韩礼德的语境理论似乎把语境对于语义选择、言语交际的影响作用有点简单化了。

另外，韩礼德认识到语境具有两种表现形式，即情景的和文化的，但是他还是把语境看作一个统一的层面，而忽视了它内部的层次性。在韩礼德看来，情景语境和文化语境是属于同一个层次的概念，它们处于一条横线的两头。二者之间不是体现关系，而是一种示例关系。换言之，情景语境是文化语境的缩影，不同类型的情景语境反映了文化语境的不同方面。情景语境是交际现场的语境，与话语直接发生关系，相对文化语境来说是具体的、直接的语境。文化语境是潜在的影响语言的运用和语义的选择，它通过情景语境对言语交际产生作用，相对来说是抽象的、间接的语境。尽管韩礼德忽视了语境内部结构的层次性，但是他认识到言语交际的语义选择与实现受到社会结构的影响。在他的语境理论中，社会结构微缩为语境，并在这一层面上与语言的语义系统发生关系，从而使得语境成为解释语义选择的根本要素。

（二）莱昂斯的语境理论

英国的另一位语言学家莱昂斯也对语境提出了自己的观点。他认为：语境是一个理论概念；构成语境的因素是语言学家从具体情景之中抽象出来的。这些因素对交际主体的影响系统地决定了话语的形式、话语的得体和话语的意义。莱昂斯在《语义学》中说，在言语交际中，交际主体要正确地说出一句话语或者正确理解一句话语，就必须具备下面六个方面的知识。

1. 交际主体应当知道他（她）在谈话中所担当的角色和他（她）的社会地位。根据在交际中所担当的角色，交际主体才能确定"我""你""他"这些语词的所指。根据社会地位，交际主体才能确定在一句话语中"部长""主席""大夫"这些语词的所指。

2. 交际主体必须知道言语交际的地点和时间。知道了言语交际的地点和时间，交际主体才能确定"这里""这个房间""今天""以后"等语词的所指。

3. 交际主体必须知道言语交际的正式程度。在郑重的言语交际、随便的言语交际或亲密的言语交际中，说话的方式和话语的意思存在不同。

4. 交际主体必须知道应用什么合适的语言媒介。书面话语比较正式，口头话语则比较随便。两者在语法和词汇的使用上都有差别。交际主体具有这方面的知识，才能正确了解话语的意思。

5. 交际主体必须具有言语交际主题的知识。谈话的主题不同，同一个话语就可以有不同的意思。对谈话主题缺乏知识，就不能理解话语的意思。

6. 交际主体必须具有言语交际场合的知识。在朋友之间言语交际的场合，在学术交流性的场合或在外交活动的场合，同一句话语可能表达不同的意思。因此，交际主体如果缺乏交际场合的知识，就不能正确理解话语的意思。

莱昂斯所说的理解话语意思必须具备的各种知识，实际上就是语境中的各种因素。只有具备这些知识，说话者才能正确地应用话语去表达和传达自己的意思，听话者才能正确地理解别人所说话语的意思。换言之，在莱昂斯的语境概念中，不仅有外在的环境因素的存在，而且有交际主体对这些环境因素的意识，或者说，语境是由存在于交际主体的意识之中的环境因素构成。就语境的构成因素而言，莱昂斯指出：一段话语的语境不仅限于这一话语出现的时空情景。它必须包括说者与听者共享的有关之前话语的知识，以及相关的物品和当时发生的行为。它还包括说者和听者共同接受的他们所在言语社区的所有成员都认为理所当然的有关规约、信仰和前提。

关于语境的作用，莱昂斯指出，语境可在三个层次上决定话语的意义：明确说了什么句子；明确这一句子表达了什么命题；明确这一命题表达什么具体的言外之意。话语的意义超出了所说的范围，它包含着隐含的内容，而语境正是与话语的这部分意义密切相关。

两位英国语言学家的语境理论有着明显的不同：韩礼德的语境理论关注的是抽象的语境与抽象的语言之间的关系，而莱昂斯的语境理论关注的则是具体的语境与具体的言语之间的关系。前者研究的内容是语言系统，尤其是语义系统或功能系统，如何在语境的作用下出现各种组合或结构，而后者研究的内容则是具体交际过程中的话语表达或话语理解是如何在具体语境的作用下得以实现的。因此，韩礼德的语境理论更有语言学的特性，而莱昂斯的语境理论则更有交际学的特性。另外，韩礼德侧重的是语境的社会共性，而莱昂斯则更侧重语境的个体特性；韩礼德突出的是语境的客观现实性，而莱昂斯突出的则是语境的主观意识性。

三、语境问题与社会语言学

（一）尤金·奈达的观点

语境问题也是社会语言学的研究无法回避的问题。社会语言学是在社会环境中研究语言，分析语言，并发现其规律。美国语言学家尤金·奈达在其《关于社会语言学》一文中扼要地阐明了社会语言学的性质、任务、研究课题和方法。他说："社会语言学从社会环境的角度来考察语言。因此，它的注意点不在于句子和篇章，而在于言语活动"，它"优先考虑的是言语而不是语言，是功能而不是结构，是语境而不是信息本身，是语言的得体性而不是语言的任意性"。社会语言学的最基本内容是从民俗学的角度考察自语交际，也就是说"研究什么人在什么情况下，为了什么目的，对什么人说什么话,并且得到什么结果"。尤金·奈达把社会语言学的研究素材分为两大类:一类是客观的材料,即何人为何目的,在何地、何时说了或写了什么;另一类是主观的材料,即言语活动的不同参与者对话语的可接受性,以及话语内容和谈话场合是否适宜所作出的评价。可见,语境问题是社会语言学不可忽视的课题。事实上,社会语言学家也是这样做的。例如,海姆斯、甘柏兹、拉波夫、费希曼、尤金·奈达、弗格森、欧文-特立曼、兰伯特等一大批学者都把语言研究的重心放在了言语的社会交际现实。

(二)海姆斯的观念

关于言语活动的研究,社会语言学的主要流派和方法有交际民俗学、跨文化交际、交际社会学、语言社会化与语言习得和会话分析。尽管这五个流派和方法的研究重点有所不同,它们的指导思想却是一致的,即把语言和语境密切联系起来研究。美国语言学家海姆斯是交际民俗学的代表人物。在语言研究中,他第一个提出"交际能力"的概念。海姆斯认为,言语交际是一种行为,在其深层存在着一些规则体系。这些规则体系通过言语行为反映在言语主体的判断和能力上。交际主体对言语的判断和能力就是他的交际能力。要提出关于语言使用者和语言运用的充足理论,就必须承认并阐述交际能力所包含的成分。在海姆斯看来,交际能力包含若干成分,而语法只是其中之一。对交际主体的言语作出判断需要考虑四个交际参数,而依据这四个交际参数的分析便可以判断交际主体的交际能力。

海姆斯提出的四个交际参数是:

1. 是否(以及在什么程度上)在形式上可能?海姆斯说,体系上的可能性是语言问题,与此相应的是语法性。一个语言体系中可能存在的就是符合语法的、属于文化的,在某些场合是交际性的。反之,一个语言体系中不可能存在的就是不符合语法的,是非文化的和非交际的。

2. 是否(以及在什么程度上)可行?海姆斯的可行性其实指的就是其他语言学理论所谓的可接受性。但是,语言运用的可接受性不仅涉及语言问题,而且涉及文化问题。影响语法实施的限制性因素往往也是影响整个文化的因素。海姆斯认为，"可行的"才是对语言运用和文化行为最好的恰当解释。

3.是否（以及在什么程度上）得体？"得体性"指的是言语切合情境的特征。任何判断都是在特定的情境中做出，总是包含着"得体性"这一因素。某一言语行为可能不仅是某一社会语言可能存在，而且是该社会语言的成员可以接受的形式，但是在具体的言语情境中它却有可能不是得体的。

4.是否（以及在什么程度上）实际上做了？研究交际能力不能局限于已经发生的交际事实，但也不能忽视已经发生的交际事实。不能把语言结构降为言语事件的发生概率，但结构变化又不能不依赖于概率。语言运用者的交际能力当然包括某些概率和表现为文体、应答等概率变化的知识。

同时，海姆斯指出：提出广泛的语言能力的理论，目的在于说明如何把一贯可能的、可行的和得体的言语行为结合起来，引出和解释实际发生的文化行为。为了全面观察和分析言语交际事件，他在1972年用"SPEAKING"这一公式归纳出了13个构成言语交际情景的组成部分。其主要内容包括：

1."飞"代表"Setting and scene"，即环境与场合。环境指言语交际事件发生的时间、地点（物理的）；场合指言语交际事件的文化特性，如：是正式的交际场合，还是非正式的交际场合。

2."P"代表"Participants"，即言语交际参与者。面对面交谈的参与者是说话者和听话者；电话交谈的参与者是送话者和受话者；讲座会议的参与者是报告人和听众。

3."E"代表"Ends"，即交际目标与交际效果。它们包括两个方面。一是言语交际的结果（outcome），即可以预期和无法预期的结果；二是言语交际的目的（goals），即言语交际的具体目的。例如，报告人希望的交际效果是吸引听众，结果却讲得模糊不清，令人厌倦。他的目的是唤起听众对社会语言学的兴趣，而听众走进报告厅的目的可能只是为了坐上一个小时而已。

4. "A"代表"Act sequence"，即信息内容与言语形式。前者指的是言语的内容，是说的什么；后者指的是言语事件发生的次序形式，是怎么说。

5. "K"代表"Key"，即传递信息的方式、风格。同样的内容用不同的言语风格表达，给人传递的含义就可能大不相同。

6. T代表"Instrumentalities"，即交际工具。广义的交际工具包括信道和语言形式。信道可以是口头，也可以是书面；而语言形式既可以是标准语又可以是方言。

7. "N"代表"Norms"，即言语交流的行为规范。言语行为规范可以从说者的角度也可以从听者的角度来分析。对于说者，规范指的是发出话语的规范；对于听者，规范是解释话语的规范。

8. "G"代表"Genres"，即言语体裁。它指的是语言形式的类型、体裁。例如对话和独白就是两个典型的体裁。体裁内部还可以细分为不同的体裁。

（三）苏珊·欧文－特里普的观念

与海姆斯一样，苏珊·欧文－特里普也主张，社会语言学家要根据下列各种关系来研究言语行为：交际环境、交际参与者、话题内容、交际功能、交际形式以及交际参与者对这些因素之间关系的价值判断。

苏珊·欧文－特里普所谓的交际环境包含两层结构：一层是交际场所或交际的时间和地点，而另一层是交际情境。其中的交际情境又包含人们见面时出现的确定的行为模式。例如家庭早餐、教师会议、社交聚会、演讲和约会等交际情境都有其确定的行为模式。交际情境受到文化规范的制约。这些规范规定了什么是适宜的，什么是不适宜的。因此，交际情境随着文化规范的制约和允许变化的程度而有所不同。改变某一情境的任何一个特征都可能造成社会公愤，也可能使其变成另一情境，或者使人处于一种缺乏明显规范特征和允许最大限度变化的情境。

苏珊·欧文－特里普认为，交际参与者的重要特征具有社会学属性，包括依性别、年龄和职业而定的社会地位，交际参与者之间的角色关系

（如夫妻关系），在具体社交场合特有的角色关系（如宾主关系）。交际者的社会地位、社会角色以及他在言语交际过程中的具体角色都对言语的形式产生直接的影响。

所谓话题内容，苏珊·欧文－特里普认为，指的就是言语的明显内容或所指事物，既包括诸如经济、家务、闲谈等总的主题，也包括话语的命题内容。相同的话题内容可以通过不同的言语形式体现。话题内容不同的言语也可能具有相同的功能。

在苏珊·欧文－特里普的理论中，交际功能这一术语指的是说话者的言语行为对说话者的影响。她根据斯金纳的观点，把社会交际中的语言看作一种发生作用的行为。这一行为通过交际中的听话者对说话者产生影响。言语行为的交际功能可能是对商品、服务或信息提出要求，也可能是对社交反应提出要求；它可能是信息或解释的主动提供，也可能只是表达感情的独白；它可能是诸如问候、感谢之类的俗套，也可能是为了避免困窘的闲聊。交际功能不可能总是明确的，因此观察说话者对言语结果的反应是识别言语交际功能的一个方法。例如，一个人走到你面前说："请问有火柴吗？"这句话可能是为了得到火柴而提出的请求，也可能只是一种社交意愿的表示。如果说话者没有从你这儿得到火柴而转身去别处寻找，那么这句话的交际功能就可能是为了获得火柴；如果他即便没有得到火柴却还继续闲谈，那么这句话的交际功能便可能是社交意愿的表示。

交际形式涉及四个方面：交际通道（例如口头、书面等）；交际语码（语言符号在具体交际中的组合，即言语或话语）；社会语言变异形式（社会语言的自由变异形式，或可供选择的不同说法）；非语言性声音信号（伴随言语信号的各种特征）。欧文－特里普认为，语言共同体划分出可供选择的各种变体。每个社会成员都有一个依情境而变化的言语选择语库。对言语形式的选择并不是"自由的"，而是要受到情境和交际者个人因素的制约。

苏珊·欧文－特里普认为，在日常社会生活中，以上五种交际因素往往是同时发生作用的。它们之间相互关联、相互作用,共同对言语交际产生影响。她不仅这样主张,而且身体力行,用实验的方法来观察研究这五个因素如何影响言语交际。

以上两位社会语言学家从交际民俗学的角度分析了语境的构成和作用。他们认为,语境的结构成分可能来自言语事件的现场时空,也可能来自言语事件的主体,还可能来自言语事件的具体行为。这些语境成分可能是语言性的,也可能是非语言性的;而语言性的语境成分既可以来自话语的形式,也可以来自话语的内容。在他们的交际民俗学的理论中,语境发挥作用的对象是具体的言语交际过程中的言语行为和话语,或者说,与语境发生对应和一致关系的是具体的言语,而非抽象的语言。因此,二位学者分析的语境是言语的语境,不是语言的语境。这样的语境作为言语事件的重要部分,对具体的言语行为和话语发挥着不可忽视的作用。二位学者都认为,言语交际行为的发生,具体话语的表达与理解,都离不开语境条件的作用。语境不仅决定着具体话语的形式是否得体贴切、是否具有可接受性,而且决定着具体的话语传达什么意思、具有怎样的交际功能。不仅如此,在二位学者看来,交际者能否适应语境条件的作用也反映出其交际能力的强弱。

遗憾的是,他们尽管分析出了语境的构成因素,却没有说明这些因素是如何相互作用而形成了语境;他们强调了语境对于言语交际行为的重要作用,却没有分析语境是如何对言语交际行为发挥作用的;他们认识到了交际主体对语境的认知是其交际能力的反映,却没有分析是什么影响了交际主体的心理认知机制。这些不仅是他们二人的语境理论的不足,也是上面回顾的其他语境理论的不足。不过,似乎是为了弥补现有语境理论的这些不足,斯波伯和威尔逊的关联理论专门分析了语境的心理认知机制,为语境的进一步研究提供了新的思路和方法。

(四) 斯波伯和威尔逊的关联理论

斯波伯和威尔逊的关联理论认为,"语境(context)是由作为理解某一话语的先决条件的一组假设构成的。"语境是一个心理概念,是听者对世界的一组假设。正是这组假设,而不是世界的实际状态,影响了话语的理解。这个意义上的语境不仅限于有关直接物理环境或直接先行话语的信息。对未来的预期、科学假设、宗教信仰、趣闻轶事的记忆、理所当然的文化信仰、对说者心理状态的认识,这些都对话语的理解发挥着作用。

从斯波伯和威尔逊的定义可以看出,他们的"语境"概念指的只是直接与听者理解话语有关的环境因素,不包括说者发出话语时的环境因素;而且构成语境的因素不是外部环境本身,而是听者的内部心理对世界形成的假设(assumptions)。理解某一话语的具体语境决定于听者的主观认知机制和认知结果。

斯波伯和威尔逊不同意一些语言学家用"共同知识"或"相互知识"的概念来解释言语交际的语境。他们指出,相互知识必须是确定的,否则它就不存在。具体说就是,对于同一个假设,不仅交际双方各自知道,而且知道对方知道,还要知道对方知道自己知道,甚至知道对方知道自己知道对方知道自己知道。为了确认相互知识,交际双方不得不进行无休止的核对。然而,言语交际中的话语生成和话语理解都是瞬间发生的。在这么短暂的瞬间,言语交际的参与者要想完成双方互知信息的核对是不可能的,所以交际双方不可能对每一条语境信息都互相知晓。

尽管斯波伯和威尔逊不同意言语交际中的说者与听者之间存在相互知识的说法,但是他们不否认交际双方之间有共享信息的存在。他们指出,交际本身就提供了共享信息,而且要实现交际,信息的某种共享也是必需的,对交际的任何解释都要包含共享信息的概念。为了解释他们认为的共享信息,斯波伯和威尔逊提出了认知环境和相互易识两个概念。

斯波伯和威尔逊把个体的认知环境定义为"这一个体易识的一组事实"。所谓易识的(manifest)就是可感知的、可推理的,所以个体的认知环境就是这一个体能够感知或推理的所有事实。同时，事实的易识性是该事实相对于主体的认知能力而言的。某一事实对于某人在某一时间是易识的，而且他（她）在那一时间能够对这一事实做出心理表征，并且接受该事实的表征为真或可能为真，所以个体的认知环境是个体所处的物理环境与他（她）的认知能力之间相互作用的结果。

由于人们的具体生活环境不可能完全一样，每个人的认知能力也与别人存在差别，认知环境难免存在个体差异。按照斯伯波和威尔逊的说法，人们生活的具体物理环境存在差异，因而可能获取的信息或信息来源也存在差异；即便人们生活的具体物理环境完全一样，个体特有的认知能力却各自不同，所以对相同的外界信息所做的心理表征也可能不同；因此个体之间不可能存在完全一致的认知环境。

但是，从整体看，人类生活的物理环境基本是一样的，人类的认知能力也是基本相同的，所以人们的认知环境肯定存在一致或相互交叉的部分；否则，人类的思想文化，科学技术都无法形成与发展。从个体看，生活在同一社区的人们所处的物理环境基本一样，在同一文化背景形成和发展的认知能力也基本一样，所以他们的认知环境必然存在相互交叉和重合的部分；否则，人们之间的社会交往和共同生活都是不可能的。斯波伯和威尔逊把不同个体的认知环境之间相互重合的部分称作共享认知环境。共享认知环境内的事实或假设对于共享者都具有易识性。

共享认知环境只是相对的，不是绝对的。每个人的认知环境都与别人同中有异、异中有同。共同的认知环境是人们进行社会生活的前提，不同的认知环境是人们个性形成与发展的基础。没有共同的认知环境，社会将不会形成和发展；没有不同的认知环境，社会也将不会存在与发展下去。从言语交际的角度来看，没有共同的认知环境，言语交际便失去了得以进行的基础，而没有不同的认知环境，言语交际便失去了得以进行的必要。言语交际就是在共同的认知环境基础上，人们实现信息的互通有无。

正是基于上述思想，斯伯波和威尔逊提出了"相互认知环境"的概念。

他们认为，如果某一认知环境不仅是两个体之间共享的，而且谁和谁共享这一认知环境也是易识的，那么这一共享认知环境就是这两个体的相互认知环境，其中所有的易识性信息都具有相互易识性，即彼此可以相互感知或相互推理。

斯波伯和威尔逊指出："相互认知环境直接提供交际和理解需要的所有信息。"在相互认知环境中，环境共享者有证据来把握什么是对方易识的，什么是双方相互易识的。当然，所谓的证据可能并不是结论性的。从对方易识的事实，个体可以推测对方实际作出什么假设。从相互易识的事实，双方可以推测对方知道己方的假设是什么。这样看来，相互认知环境是语境的信息来源，交际者利用相互认知环境的信息构建语境。

斯波伯和威尔逊认为，人类能够在推测什么是对方易识的、什么是双方相互易识的，但不能断定什么是相互知晓的这一状态下进行言语交际。说者作出哪些假设是或者将是听者易识的假设；而听者相信自己做出的帮助自己理解话语的那些假设正是说者所期望的；交际的结果是交际双方的相互认知环境得到扩大。在这个过程中，无论是说者的假设，还是听者的假设，都可能出现误差，尽管他们的假设都是依据相互易识的认知环境做出的。所以，交际难免出现误解或不成功的现象。

斯波伯和威尔逊的语境观点有以下几个要点：

1. 语境是听者心理建构的结果

斯波伯和威尔逊认为：影响言语交际的语境不是外在的因素，而是交际主体的心理认知所构建的各种假设。外界环境因素本身并不构成语境，也不影响话语的理解。它们经过听者的心理构建过程而形成各种假设。这些假设才是影响话语理解的语境。这样，语境的具体形态取决于交际主体的心理过程，而不取决于外在的环境因素。交际主体的主观能动性在语境的构建中起着决定性的作用。

斯波伯和威尔逊这样定义语境与以往的研究者有很大的不同。以往的研究者在涉及语境问题的时候，更多的是列举出影响言语交际的环境因素，并给予这些因素不同的分类。他们或者把语境划分为语言性语境和非语言性语境，或者把语境划分为主观语境和客观语境，有的还有更细的划分，至于这些语境因素影响言语交际的机制，却很少有人论及。其实他们所谈论的只是可能影响言语交际的语境因素，不能说明具体言语交际的具体语境是如何形成的，又是如何影响这一具体言语交际的。而斯波伯和威尔逊的语境思想引入了认知的概念，把语境看作交际主体对外在因素认知建构的结果。这样定义语境解释了外在的环境因素是如何影响了话语的理解，即外在的环境因素通过交际主体的认知来影响言语交际。外在的环境因素没有得到交际主体的认知，便不可能对言语交际产生影响。如果某一外在环境因素对于言语交际是至关重要的，而又没有得到交际主体的认知，那么言语交际的目的就可能受到影响，甚至得不到实现。从这个角度看，关联理论的语境概念解释了语境影响或制约言语交际的心理机制。

2. 语境是在言语交际的过程中不断变化的，因而具有动态性

斯波伯和威尔逊把语境看作交际主体的心理认知所建构的各种假设，而交际主体的心理认知是随着言语交际的进行不断变化的。随着言语交际的进行，不断有新信息出现，并改变交际主体的认知环境，于是交际主体就会不断地调整自己对外界信息所建构的假设。原有的假设可能被否定，也可能被强化，新的假设可能代替旧的假设，假设的总数可能会增加或减少，假设本身的性质也可能发生变化，例如原先不很明确的假设可能变得明确起来。这些变化都影响语境的具体形态，所以言语交际的具体语境总是动态的。

在这一点上，斯波伯和威尔逊也不同于以往的研究者。以往的研究者更多地把语境看作是言语交际发生之前已经给定的环境因素，基本没有注意语境会随着交际的进行而发生变化。即便是交际主体的一些主观因素，例如交际者的心理状态、交际者之间的关系等，也仿佛不经过交际主体的认知就能理所当然地影响或制约言语交际。然而在斯波伯和威尔逊看来，交际主体的心理认知决定着具体语境的形态，而交际主体的心理认知不可

能不随着交际的过程而发生变化,所以具体语境必然是不断动态地变化的。

3.语境是听者理解话语的推理依据

在斯波伯和威尔逊的交际理论中,仅仅以话语的符号形式,听者是不可能准确、全面地理解说者的话语的,他(她)必须借助语境来进行推理才能把握说者的信息意图和交际意图。也就是说,言语交际不是简单的语言符号的编码和解码过程,更是一个认知推理过程。构成语境的各种假设为话语理解的推理提供了依据,没有这些假设,听者将无法进行推理,也就无法准确地理解话语的真正含义。

以往的研究者在谈到语境对言语交际的影响或制约的时候,由于忽视了语境的认知特性,不可能从推理的角度来看语境对言语交际的作用。他们往往列举一些语境影响,或制约言语交际或话语适应语境的例子,至于其中的影响或制约是如何发生的、是什么使得话语适应了语境,却很少有人涉及。根据斯波伯和威尔逊的观点,语境对言语交际的影响或制约作用,或者话语对语境的适应,都不是它们自身发生的,而是要通过交际主体的认知来实现的。交际主体把语境用作自己推理的依据,因此语境才对言语交际产生了作用,话语才适应了语境的作用。

4.斯波伯和威尔逊的语境观也存在不足

首先,斯波伯和威尔逊过分强调了交际主体的主观认知的作用,而忽视了语境的客观实在性。无论交际主体的心理概念是如何建构的,它都是对外在信息刺激的认知加工过程和结果,所以离不开外在客观存在的环境因素。没有外在的客观环境因素,交际主体的认知加工便无法发生,更谈不上什么结果。在语境的建构过程中,外在的环境因素和交际主体的认知都有着至关重要的作用,二者缺一不可。再者,斯波伯和威尔逊主要是从听者理解话语的角度来探讨语境的,没有论及说者发出话语的语境问题,这使得他们的语境理论难免片面,也与言语交际的实际不相符。在言语交际过程中,不仅听者理解话语需要语境,而且说者发出话语也需要语境。如果说者不考虑语境,他(她)如何选择准确的、恰当的话语进行交际?

斯波伯和威尔逊一方面说听者要构建理解话语的语境，另一方面又说在言语交际中说者要承担更多的话语责任。那么说者所要承担的话语责任是什么，其中包括不包括语境？他们没有讨论这个问题。另外，尽管斯波伯和威尔逊指出了语境是听者对世界的一组假设，他们却没有解释听者建构这组假设的心理机制和过程，也没有解释这一心理建构过程是听者的意识行为还是无意识行为。作为认知科学的一个基本理论，他们的关联理论不讨论语境建构的心理机制和过程显然是不全面的。

第二节　中国语言学对语境问题的研究

一、传统语言研究概述

中国传统语言研究对语境的意识自古有之。北宋理学家张载在《正蒙》中指出："言为非难，使君子乐取之为贵。"尽管他的解释具有一定的倾向性，但是不可否认的是他提出了一条交际原则：言语交际是话语表达者与话语理解者之间的事情。要实现话语的目的，提高表达的效果，表达者必须考虑理解者是否乐于接受。也就是说，表达者必须考虑被一些现代语言学者称为理解者的"主观语境"的因素。宋代王安石在《庄周论（下）》一文中指出："夫中人之所能及者，圣人详说而谨行之。说之不详，行之不谨，则天下弊。中人之所不及者，圣人藏乎其心而言之略，不略而详，则天下惑。且夫谆谆而后喻，说说而后服者，岂所谓可以语上者哉？"（《王文公文集》）王安石的言论涉及的同样是话语理解者的"主观语境"即在言语交际中，话语表达者要注意交际对象的智力与修养情况。交际对象的智能不同，表达者的话语也要有所不同。这样才是积极的、切合语境的交际方式。

话语表达者要考虑话语理解者的语境，同样，话语理解者也要考虑话语表达者的语境。清代章学诚在《文史通义》的《文德》篇中指出："是则不知古人之世，不可妄论古人之文辞也；知其世矣，不知古人之身处，亦不可以遽论其文也。身之所处，固有荣辱、隐显、屈伸、忧乐之不齐，而言之有所为而言者，虽有子不知夫子之所谓，况生千古以后乎？"他认为理解古人文辞必须"知人论世"，即了解古人的语境才能准确地理解古人话语的真实意义。这其中包含三个方面的内容：作者或说者所处的时代；作者或说者的身处，即具体环境，具体境遇，具体心理状态等；作者或说者言为、何为等因素。

对语境的意识不仅散见于古代贤能学者的文论中，而且始终伴随着传统训诂学的发展。所谓训诂就是"用语言解释语言之谓"，即"用易懂的语言来解释难懂的语言"。训诂始于先秦，最初只是为了帮助人们阅读前代的文献，也就是后世所说的经书，后来才逐渐发展成为一门专门的学问。训诂学的体例主要有两类：随文释义的传注，即根据文本的具体上下文训释文义；通释语文的专著，即解释词语、语句等语言现象的专门著作。

训诂学家关注使用状态中的具体语词的意义，历来重视语境在训诂过程中的作用。他们十分注重句、段、章对词义的确定作用，很少孤立和抽象地解释词义。所谓"随文释义"就是根据具体的上下文乃至背景知识所提供的语境来解释词句的含义。古代文献中有许多词句异乎常情，用通常的训释方法解释往往不能确定语义。这些词句就是所谓的古书异例。历代训诂学家在不断的实践中认识到，要正确地辨析这些古书异例，就必须联系语境。清代俞樾汇集历代训诂辨析古书异例之方法，撰成《古书疑义举例》。书中列举分析了古书中的88种疑义现象，后人刘师培、杨树达、马叙伦、姚维锐、黄侃等又作了补充。这些学者的论述中有许多地方涉及语境的问题。

古代训诂学家不仅在实际训释中注重语境的作用，而且提出了一些语境的概念。例如：魏晋时期的郭璞提出所谓的"随事为义"，就是根据具体的语境来确定意义；唐代孔颖达提出所谓"义势"和"文势"的概念，认为同一个词的训释会因其"义势"或"文势"的不同而不同；清代王念孙在《读书杂志》中明确提出"上下文"的概念，并根据具体的上下文语境进行释义；王引之在《经传释词·自序》中提出："揆之本文而协，验之他卷而通"，同样强调了语境的重要性。

古代训诂学家不仅提出了一些文内语境的概念，而且论及到背景知识对于训释词义的重要作用。例如：宋代戴侗在《六书故·十四卷》中指出，"六书者，格物致知之学，不可徒以为小学而已也"。他认为训释语义不仅需要训诂方面的知识，而且需要百科知识。清代戴震在《与是仲明论学书》中也强调了背景知识在训诂中的作用。

1932年陈望道出版《修辞学发凡》一书，至此中国有了比较系统的语境理论的论述。

陈望道的语境思想反映在他的修辞学理论之中。他在《修辞学发凡》中指出，修辞是达意传情的手段。他说："在'言随意遣'的时候，有的就是运用语辞，使同所欲传达的情意充分切当一件事，与其说是语辞的修饰，毋宁说是语辞的调整或适用。"即使是对语辞的斟酌推敲也是调整语辞以适应情意的传达，而不仅仅是对文字的修饰。因此，陈望道把修辞定义为"调整语辞使达意传情能够适切的一种努力"。

陈望道认为，修辞所要适合的是"题旨和情境"，二者是衡量修辞的标准和依据。也就是说，修辞以适应题旨和情境为第一要义。"凡是成功的修辞，必定能够适应内容复杂的题旨，内容复杂的情境，极尽语言文字的可能性"。总之，"切境切机"的修辞才是成功的。再者，语言文字本身是没有什么工拙可言的，只有在具体的题旨和情境之中才可能判断其工巧与拙劣。在具体的运用中，与题旨情境适应恰当的语言文字是工巧的，而与题旨情境适应不恰当的便是拙劣的。历史上出现的"黄犬奔马"句法工拙之争，陈望道认为，都是由于各自"意思有轻重，文辞有宾主之分"才使得各人的意见不能一致。所谓"原子在颊则好，在颡则丑"正可以说明语词各有所宜，不能离题脱境而论。

陈望道所谓的题旨情境指的就是语境，其中主要涉及六个方面的问题：

何故、何事、何人、何地、何时、何如。根据陈望道的解释，所谓"何故"就是写说的目的；"何事"就是写说的事项；"何人"就是写说者与读听者之间的关系；"何地"就是写说当时的地点；"何时"就是写说当时的时间；"何如"就是怎样写说。陈望道提出的情境概念不仅包括写说者和读听者的自然环境和社会环境，即双方共同的经验，而且包括写说者的心境和他（她）与读听者之间的亲疏关系、立场关系、经验关系以及其他种种关系。

在《修辞学发凡》中，陈望道把修辞划分为消极和积极两大分野，指出二者对题旨情境具有不同的适应。消极修辞的第一要义在于传达事理，要求言语处处适应事理。例如：谈论事实必须符合事情的实际，以自然的、社会的关系为常轨；解说理论必须合乎理论的联系，以因明逻辑的关系为常轨。因此，这一分野的修辞结果如何要看言语同事理的实际是否切合或切合的程度而定。言语要适应事理，就需要具备明确和通顺的条件。而言语要明确通顺不仅需要把意思分明地显现在语言文字上，而且需要考虑语句的前后顺序。语句的前后顺序不仅关乎语言的习惯，而且关乎现时的上下文情形。所谓上下文的情形，就是语句之间的彼此衔接和照应。这就涉及话语内的语境问题。陈望道指出："照应的事，无论在材料的取舍上，语言的表出间，都颇重要。"与消极修辞不同，积极修辞"多诉诸我们的体验作用，多不用三段论法或什么分析，常照我们体验的想象的真实感觉直录下来"。这一分野的常轨是意趣的连贯，修辞效果全凭意境的高低而定。因此，"只要能够体现生活的真理，反映生活的趋向，便是现实所不曾经见的现象也可以出现，逻辑所未能推定的意境也可以存在"。不过，陈望道指出，积极修辞的内容大体都是基于经验的融合，"对于题旨、情境、遗产等等，为综合的运用"，其中尤以情境的适应最为重要。

修辞所利用的材料是"语言文字的习惯及体裁形式的遗产，就是语言文字的一切可能性"。然而，语言文字的意义平时都是抽象的，都只表示概念。只有在具体的言语交际过程中，实际的说话或写字才把抽象的概念具体化，才使抽象的意义成为具体的意义。在实际的言语交际中，具体意义的体会常常随着个人生活经验的不同而出现差异。这样，语言文字的意义就存在着固有与临时两种因素之间的差异。为了区分语言文字的两种意义因素，陈望道在《修辞学发凡》中提出了"语言的内容"和"写说的内容"两个概念。所谓"语言的内容"指的是语言本身所具有的，与语言形式相对而言的意义。语言是由语音和意义构成的一个系统，其中语音是语言的形式，意义是语言的内容。所谓"写说的内容"是"意旨的内容、题旨的内容"，是交际主体在具体的言语交际中调节地使用语言而生的意思。写说的内容是与语言相对而言的。这样，在言语交际的过程中，存在着两层形式与内容的关系：一层是语言本身具有的形式与内容的关系，一层是语言与写说的内容之间的关系。对于写说的内容来说，语言的内容只是一种形式的内容。不能把语言的内容混成写说的内容。陈望道指出：鸤鸽鹦鹉能够仿效人语，但是不能说出有内容的话语，其原因就在"禽类不能用有调节的声音，而人类却不特用调节的声音，还将那调节的声音调节地随应意思的需要来使用"。

陈望道关于语境的论述，不仅是中国语言学史上的第一个比较系统的语境理论，而且为中国的语境研究打下了坚实的基础。他的许多观点和论述至今仍有十分重要的学术价值，尤其是他关于题旨情境的"六何说"更是为分析和研究语境的内部结构提供了一个有价值的基本框架。他所提出的"语言的内容"与"写说的内容"两个概念之间的区分实际上就是国外一些语言学家所谓的"句子意义"和"话语意义"之间的区分，不过从时间上看，陈望道的划分和论述要比国外语言学家早得多。而且，他的语境理论特别强调修辞与语境的关系，指出了判断话语的修辞是否成功的唯一标准就是看它是否适应和贴切具体语境的条件。这实际上是提出了修辞（或更广义的话语）与语境之间的适应律，尽管他所论及的只是适应律的一个方面，即修辞必须适应语境，而没有涉及语境也要适应修辞（或话语）的问题。不过，陈望道的语境理论没有具体分析修辞适应语境的内在机制，而且他也是只从话语表达的角度论述了修辞与语境的适应规律，而没有涉及话语理解的角度是否也存在语境适应的问题。这难免有点美中不足。

二、语境及规律

20世纪60年代，王德春从研究并确定言语规律出发，提出了语境及规律的看法。在纪念陈望道及其《修辞学发凡》一书出版五十周年之际，王德春在1982年发表《语境学是修辞学的基础》一文，提出了建立语境学的建议。在2001年9月出版的《现代修辞学》一书中，他与陈晨合作，比较系统地提出了语境学的基本理论。

两位学者指出，人们使用语言进行交际，必须懂得语言的词汇、语法、语音和语义的现行规范，要遵守共同的语言规律，正确地选择和组织语言体系的成分。但是，言语交际总是发生在特定的语境之中，于是即便交际主体都同样地严格遵守语言规范，他们说出的话语或写成的文章也会有不同的特点。两位学者认为，怎样选词造句，用什么方式交流思想，怎样提高表达效果，个人使用语言有什么特点，等等，都是有规律可循的。这些规律就是言语规律。他们指出，言语规律是使用语言的规律，同人们的言语活动紧密相连，所以研究言语规律要从分析言语活动入手。从各种言语活动中，他们概括出了三个基本特征：第一，言语活动总是发生在特定的交际环境之中，而且必须依赖特定的语境。第二，言语活动要正确地选择语言体系中的成分，组成话语以表达思想。第三，言语活动是为了达到特定的交际目的，完成特定的社会交际任务。

与言语活动的这三个基本特征相对应，他们又把言语规律归纳成了三个大类：

第一类，言语规律是言语活动与言语环境相适应的规律。

言语活动总是离不开特定的语境，语境对言语活动有着直接的影响和约束作用，言语活动必须适应语境的制约。言语活动适应语境的规律促成了语体、风格、文风的形成，而它们的形成又会指导人们的言语活动，约束人们对语言的使用。

第二类，言语规律是交际者选择语言成分组成话语的规律。要更加完善、有效地表达思想，实现交际效果，除了语言本身的规律之外，交际者还要懂得使用语言的规律，即选择词语、选择句式、组织话语的规律。词语和句式本身一般无所谓准确与含糊、鲜明与晦涩、生动与呆板、简练与累赘的区别。在具体的话语活动中，交际者对它们的选择都要依赖语境条件，都要受到言语规律的支配。

第三类，言语规律是言语活动与言语目的和交际任务相适应的规律。任何言语活动都有交际的目的和任务。语言成分的选择与组合必须受到与交际目的和任务相适应的规律的制约。修辞方法也要适合一定的交际目的和任务。单从语言结构讲究和研究修辞，而不考虑适应语境的要求，有时很难显示出修辞的效果。

总之，言语活动不可能脱离特定的语境，不可能不选择语言成分组成话语以表达思想，更不可能离开交际的目的和任务。因此，这三类言语规律是不可分的，也是必不可少的，更是任何言语交际者必须遵守的。语境这么重要，那么语境的内部结构是怎样的呢？王德春和陈晨把语境定义为使用语言的环境，也叫言语环境。他们认为语境的构成有客观因素和主观因素。时间、地点、场合、对象等是客观因素；说话者的身份、职业、思想、修养以及处境、心情等是主观因素。

言语交际总是发生在一定的时间、地点、场合，在一定的人们之间进行。语言的使用脱离不开这些因素，它们是客观存在的构成言语环境的因素。首先，王德春和陈晨的时地概念有大小之分：大的指时代和社会，小的指具体的交际时间和具体的交际场所。他们认为，不同时代、不同世界的"社会政治环境、社会思潮，支配着人们的思想和行为，也支配着人们对语言的使用"。这种语境的支配作用主要体现在两个方面："一是决定所使用的语言材料，二是决定使用语言材料的方式"。大的时地因素所构成的语境反映在当时当地的各种言语作品之中，就形成了言语的时代特点、时代风格。同时，具体的时地因素也对言语交际有着明显的影响。这种影响总是与特定的场合联系在一起。二人的场合概念指的是，在一定的时间、地点，具有某种特点的人相互交际的具体状况。除时间地点以外，场合还与交际的目的、范围、对象和方式有关。目的是交际者想要得到的交际结果，有强制性与非强制性两种；范围指人们社会活动的领域；对象包括两个方面，一是交际对象，即听读者，一是谈话所涉及的对象，即谈论对象；方式指交际的形式，有口头方式和书面方式，即语音形式和文字形式。他们指出："场合是一个富于变化的极其灵活的因素，在固定的时间地点可以因人和事的变化而出现不同的场合，从而导致语言使用的变化。"

　　语境的构成除了客观因素以外，还有主观因素。王德春和陈晨认为，交际者的身份、职业、思想、修养这些主观因素往往使得个人的言语带上各自的特点，如惯用的词语、句式、独特的修辞方法甚至不同的发音特点等等，它们综合起来就构成了个人的言语风格。他们指出，"身份是说话者在社会或家庭中的政治经济地位或人际关系的地位"。一般情况下，身份不同的交际者，说的话不同，说话的方式也不同。所谓"财大气粗""人微言轻"反映的就是话语所具有的社会作用，与说话者的社会地位或身份之间的价值关系。交际者的身份具有相对性，即同一个交际者的身份可以因交际对象的不同而发生关系转移。这时，这一交际者的语言也会发生相应的转移。职业是人们经常从事的事业。从事某种职业的交际者，在其话语中总是带上这一职业的印记，总是自觉或不自觉地表现出这一职业的特点。交际者使用语言必然受其思想的支配，因为语言是思想的直接现实。修养指交际者的政治思想、道德品质、文化程度和处世待人的总水平。

　　王德春和陈晨认为，交际者的处境和心情是言语交际的临时性主观因素。交际者的处境这一概念包括三层含义：第一，交际者所处的社会环境以及他在一定社会环境中的身份地位。这与前面提到的时间、身份等因素都有联系。第二，交际者在具体事件或人际关系中的处境，例如工作关系、家庭关系、朋友关系等等。第三，交际者在某一具体言语交际场合的处境。

后两种处境可以进一步概括为交际处境。这样，他们所谓的处境就可以分为社会处境、交际处境两种。关于交际者的心情，王德春和陈晨认为，它与交际者的其他方面（诸如处境、思想、修养等）有着各种联系，呈现出各种微妙曲折、复杂多变的状态。

在王德春和陈晨看来，在言语环境的各种主观因素中，交际者的身份、职业具有相对性和可变性。交际者的思想、修养一旦形成，便有一定的稳定性，成为交际者品质的一个重要组成部分。与交际者的身份、思想、职业、修养这些主观因素相比，交际者的处境和心情是言语环境中容易变化的主观因素。一般情况下，如果交际者的处境、心情不处于极端状态，它们对言语交际的影响不会太明显。另外，交际者的处境和心情在语言上的反映与人的思想、修养有着密切的联系。这其中，交际者的思想修养起着主要的作用。

根据王德春和陈晨的观点，从本质上说，言语环境是社会环境的变体，是社会环境在言语交际上的反映，因此与社会环境一样，言语环境也处在不断变化和发展之中。语境因素之间具有交互作用，它们总是交错在一起对言语交际起着影响作用，其中有些因素的具体样式、具体变化是极其丰富的。这样，特定的言语环境往往是变化多端的。然而，言语环境的类型却是确定的。他们说："言语环境的类型影响到语言的使用，它关系到语言的语体、风格、文风以及修辞方法的变化与发展。"

人们总是在特定的语境中为了特定的目的而进行言语交际的。不同类型的语境对语言的使用提出不同的要求。使用语言必须紧紧依赖语境，与不同的语境类型保持高度的适合关系。王德春和陈晨指出：不同语体就是语境的不同类型所形成的使用语言的特点体系。语境类型是语体产生和存在的基础，而语体是语境类型作用的必然结果。个人言语风格是个人使用语言特点的综合，它与语境的主观因素有着直接的联系。说话者的身份、职业、思想、修养、处境、心情对其词语和句式的选择、修辞方法的选用以及篇章布局的安排都始终有着重要的影响作用。这些特点在个人言语中有规律地不断重现，便形成了个人言语风格。文风是言语反映出的语言使用者的作风，它是思想内容与语言形式的辩证统一。文风总是受到社会环境中的时代特点、政治潮流、思想潮流的影响。总之，语言的各种表达方式和修辞手段都依赖于语境而形成。语体、风格、文风的形成也离不开语境。在实际言语交际中，衡量言语表达或修辞效果更离不开语境。所以语境学是现代修辞学的基础。

关于建立语境学，王德春和陈晨归纳出了五个方面的意义：第一，明确语言全民性和言语阶级性的关系；第二，明确语言规范性和言语创造性的关系；第三，明确语言和思维的辩证统一关系；第四，指导文艺创作和文艺欣赏；第五，指导语言教学。另外，他们还论述了修辞方法与语境，语言美、言语修养与语境的关系。

不论是修辞方法，还是语言美和言语修养，它们都遵循着与言语环境相适应的基本规律。

三、语境问题的新研究

20世纪60年代以来，语境问题成为研究语言逻辑的学者们关注的一个研究课题。20世纪60年代，周礼全首先提出从逻辑的角度研究语境的问题。20世纪80年代，陈宗明也从语言逻辑的角度提出了他对语境的看法。进入20世纪90年代之后，王建平于1992年出版了《语言交际中的艺术——语境的逻辑功能》这一专著，而周礼全也积多年的思考，于1994年出版了《逻辑——正确思维和有效交际的理论》一书。两位学者都比较系统地论述了自己的语境思想。

周礼全认为，话语的意谓、意思、表达、传达和理解都属于语言的语用方面，所以他的"语用语境"概念是指有助于确定交际中话语表达的命题、命题态度、意谓和意思，并且有助于正确地表达、传达和理解的语境。在他看来，语用语境是比语义语境更宽的概念，因为语用语境中除了包含了语义语境的各种因素以外，还包含了更多的内容。

周礼全所说的语义语境指的是明确引词和抽象语句的所指谓的语境，因为他认为语词和抽象语句的指谓和所指谓都属于语言的语义方面。话语中经常出现一些引词，例如"我""你""这里""那里""今天""明天"等。一个引词的指谓中包含了说出这个引词的活动，因而一个引词的所指谓要根据说出这个引词的活动才能决定。例如，在"我明天去开会。"这句话语中，就有引词"我"和"明天"。"我"的所指谓是哪一个人，要根据说出语词"我"这一活动的人来确定。"明天"的所指谓是什么时间，要根据说出语词"明天"这一活动的时间来决定。话语中还有一些引词，它们的所指谓需要根据包含它们的话语的上下文才能决定。例如，在"前者是道德的问题，而后者是法律的问题"这句话语中，"前者""后者"都是引词。它们的所指谓，要根据说出它们之前的话语才能决定。周礼全认为，最初的语境概念只包含那些决定引词所指谓的因素，后来语言逻辑家逐渐扩大了语境概念，使语境不仅能够明确引词的所指谓，而且能够明确抽象语句的所指谓。

除了包含上述语义语境的内容，周礼全所谓的语用语境还包含了说话者和听话者的主观认识。这样就会产生一个问题：说话者的认识可能不同于听话者的认识，因而说话者的语境就可能不同于听话者的语境。为了保证说话者的语境与听话者的语境具有共同性，为了保证正确地表达、传达和理解话语意思，有的语言逻辑家就把语境看作说话者和听话者互相知道、相信或接受的一组命题或一个命题集合：

周礼全认为：这样的语境概念，一方面太强了，因为正确传达和正确理解话语的意思并不要这样强的语境；另一方面又太笼统，因为它不能说明语境中的各种因素对话语所表达和传达的命题、命题态度、意谓和意思的具体影响。为了避免语境概念太强或太笼统，他把语用语境分为四种：第一种，一句话语客观存在的语境 C_o，第二种，说话者所认识的语境 C_s，第三种，听话者所认识的语境 C_h，第四种，交际双方共同认识的语境 C_{sh}。

他的语境概念主要是一句话语或一段话语的语境，有时也指一句话语中的一个子句、短语或语词的语境。

一句话语"U（FA）"的语境 C_0，包含了五种因素。A. 当前情境（即谈话时说话者和听话者能直接感知的事物和事态）：A1. 说出"MU（FA）"的时间；A2. 说出"MU（FA）"的地点；A3. "U（FA）"的说话者和听话者；A4. 其他的当前能直接感知的事物和事态，特别是说话者说出"U（FA）"时的面部表情、身体姿势等。B. 上下文：谈话中在"U（FA）"之前或之后出现的话语。C. "U（FA）"涉及的事物和事态：可以包括当前说话者能直接感知的事物或事态；也可以包括时间上或空间上遥远的事物和事态；可以包括现实世界的事物和事态，也可以包括想象或虚构的事物和事态。D. 说话者的情况：包括说话者的历史情况和目前情况，特别是说话者目前的思想感情情况。E. 听话者的情况：包括听话者的历史情况和目前情况，特别是听话者目前的思想感情情况。

周礼全进一步解释说：语境 C_0 中的 A，B，C，D 和 E 这五种因素都是客观存在的。D 和 E 虽然包括了说话者 S 和听话者 H 的思想感情，但是 S 和 H 具有某种思想感情也是客观存在的事实。C_0 可以看作一个命题集合，即所谓 A，B，C，D 和 E 这五种因素的命题集合。C_0 包含了命题，例如"说某句话语'U（FA）'的时间是 1990 年 12 月 28 日""说某句话语'U（FA）'的地点是哲学所 302 房间""说话人是张教授""海湾正在进行战争""说话者 S 是一个诚实的人""听话者 H 是很聪明的""S 知道 H 相信命题 A""H 相信 S 知道命题 B"……

对于语境 C_0 客观存在的因素，说话者 S 或听话者 H 很难有完全的认识，S 和 H 更难有完全共同的认识。因此，在语境 C_0 之外，周礼全还提出了说话者 S 所认识的语境 C_S，听话者所认识的语境 C_H 以及 S 与 H 共同认识的语境 C_{SH}。说话者语境 C_S 是一个命题集合，其中任一命题都是关于话语语境 C_0 中的因素的命题并且都是 S 知道、相信或接受的命题。听话者语境 C_H 也是一个命题集合，其中任一命题都是关于话语语境 C_0 中的因素的命题并且都是 H 知道、相信或接受的命题。同样，听话者语境 C_H 中可以有 "S 知道命题 B" "S 相信 H 知道命题 B" 这样的命题。

周礼全认为，语境 C_O、C_S、C_H 和 C_{SH} 这四个命题集合常常是相交的，常常有一些命题同时是这四个命题集合的分子。例如，C_O 中有"说某一话语'U（FA）'的时间是 1990 年 8 月 15 日"这一命题。如果说话者 S 知道这一命题，并且听话者也知道这一命题，那么 C_S，C_H 和 C_{SH} 中就都有这一命题作为分子。而且 C_{SH} 是 C_S 的子集，也是 C_H 的子集。

在言语交际过程中，语境 C_O、C_S、C_H 和 C_{SH} 总是不断发生变化的。随着交际时间的延长、交际内容的增多和交际主体思想感情的变化，语境就会跟着不断变化。正确地了解话语的语境及其变化，是正确表达、传达和理解的必要条件和重要条件，也是成功交际的必要条件和重要条件。

我们可以看到，在周礼全的语境理论中，他首先区分了"语义语境"和"语用语境"。除了语用语境所包含的因素要比语义语境的因素多以外，二者的区别体现在各自的功能上。在周礼全看来，语用语境不仅有助于确定交际中的话语所表达的命题、命题态度、意谓和意思，而且有助于正确地表达、传达和理解，而语义语境的功能则是明确引词和抽象语句的所指谓。其实，语词的所指谓也是一个语用问题，因为只有在具体的语用行为之中，语词才能有具体明确的所指谓，离开了具体的语用行为，任何语词或句子都只能表示一般或抽象的语义，不可能与具体的事或物（即使是想象的事或物）发生指谓和所指谓的关系。从语用学的角度看，语词或语句的所指谓"实际上是双方共构与和合作的一种言语行为"。

再者，周礼全把语用语境分为四种。它们之间的关系似乎是：语境 C_O 是客观存在的语境，而语境 C_S 和语境 C_H 分别是说话者和听话者对语境 C_O 的主观认知。说话者和听话者对语境 C_O 的主观认知有彼此一致的，也有彼此不一致的。二者之间的共同认知构成了语境 C_S。从周礼全对语境的这一区分之中，我们可以提出两个问题。

第一个问题是：具体的话语是与四个语境中的哪一个发生对应和一致

的适应关系的？任何事物的发生与存在都是以相应的环境为条件的，而且都与各自的环境保持相互对应和一致的适应关系。环境不仅决定事物的存在与否，而且决定事物的具体形态。话语与其语境的关系也是如此，它的发生和具体形态（包括具体的话语形式和话语意义）都取决于与之对应的语境。按照周礼全的区分，既然与话语对应的是语境 C_O，那么话语就当然受到语境 C_O 的作用，而且要与语境 C_O 保持对应和一致的适应关系，而与语境 C_S、语境 C_H 和语境 C_{SH} 却似乎没有什么关系。然而事实上，任何话语都不单纯是客观的存在，因为它们都是具体的交际者说或写出来的，而且都是需要具体的交际者听或读而获得话语价值的，其中不可避免的包含交际者的主观心理的因素。话语的具体形态所包含的交际者的主观心理因素说明，它所对应的语境也不可能仅仅是客观存在的语境，即周礼全所谓的语境 C_O，而应该是既有语境 C_O，又有语境 C_S、C_H 和 C_{SH} 的一个动态结构。这个动态结构伴随着言语行为的运行而呈现不同的形态：对于话语的表达而言，它的语境是客观存在的语境因素与说话者的心理认知相互作用的结果，而对于话语的理解而言，它的语境是客观存在的语境因素与听话者的心理认知相互作用的结果。在此，周礼全已经意识到了语用语境具有客观性和认知性的特征，却又没有把它们辩证地统一起来。事实上，任何语用语境都是客观存在的环境因素与主观存在的环境因素之间相互作用的结果。

第二个问题是：交际者之间的语境差异对于话语意义的表达与理解具有怎样的作用？从周礼全对语用语境的四个区分可以看出，交际者对客观存在的语境因素的认知有彼此一致的地方，同时也有彼此不相同的地方。如果把交际者的心理认知也看作构成语境的因素，那么交际者之间不可避免地存在语境差异。周礼全也注意到了这一点。一般说来，话语意义的表达与理解之间的通达是建立在说话者和听话者之间的共同语境的基础之上的。说话者的语境与听话者的语境越是一致，说话者的话语也越能获得听话者的准确理解，而听话者的理解也越能符合说话者的真正意图。然而事实是，说话者与听话者之间的语境不可能完全相同。话语意义的表达和理解就是在交际者之间存在语境差异的情况下进行的。我们不禁要问：话语意义的表达与理解是如何在交际者之间存在语境差异的情况下进行的？语境差异对于话语意义的表达和理解有着怎样的影响？言语交际对于交际者之间的语境差异有着怎样的容忍程度？

进入20世纪80年代之后，外语界的学者开始引进国外语用学理论，其中也涉及语境问题。在借鉴国外语用学思想的基础上，也有学者开始了以汉语为对象的语用学研究。钱冠连出版《汉语文化语用学》一书，提出了"人文网络言语学"的理论，从汉语文化语用学的角度探讨了语境的问题。

钱冠连把语境定义为言语行为赖以表现的物质和社会环境，认为这个环境由语言上下文和非语言性环境两个大的部分组成。其中前者是语言符号内的环境因素，也就是上下语（可听的）或上下文（可见的）；后者是语言符号外的环境因素，包括显性的、可见的现场，如地点、对象、场合、自在物体、意外出现的人或物（意外符号）、自然环境等等，也包括隐性的、不可见的背景，如社会文化、风俗习惯、行为准则、价值观念与历史事件等等。

在他的语境理论中，钱冠连提出了"意外符号"的概念，即"一切可以当话题或者可以被话题借用的突然因素，意外出现的人或物，都可算作意外符号"。这些意外符号可能对言语交际产生作用，但是必须具备两个特点才能传达语用意义：一是能介入说话过程，二是突然闯进语境，并作为语境的构成部分。例如，在会话进行的过程中，某物或某人不期而至地闯进交际现场，说者灵机一动，把这一物或人用作符号参与谈话。

钱冠连不同意一些研究者把交际目的和交际者之间的相互认识看作语境的观点。他指出："交际目的与对彼此的认识是话语活动的本体部分，不是环境与背景"。钱冠连认为，知识状态或认知属于智力干涉，是话语活动过程的本身，而不是一些研究者所认为的一种语境。

另外，钱冠连指出："客观存在的广阔的社会背景本身并不是话语情景，只是在它面前有语言符号'流动'（使用起来）时，它才能变成话语情景。没有语符流动经过它面前，它只能是一般意义的社会背景"。语境并不是完全自立的，而是依言语交际的发生而生成的。语境是与言语交际活动同时产生的。只有在有言语交际活动的时候，客观的环境因素才能转化为语境；没有言语交际的发生，也就无所谓什么语境。

语境的实质是什么？钱冠连认为，语境的实质是"文网语阱"，即言语交际受制于语境。这其中包含三层意思：一是言语交际要在语境之中进行，二是语境制约交际者的话语与理解，三是语境表白交际者的意思。

言语交际为什么要受制于语境？钱冠连认为，这是因为语言符号具有局限性。语言符号的局限性表现为：一、客观世界的存在是共时的、多维的，而言语是历时的、单维的；二者对照，反映了语言状物、叙事的无能。二、客观世界是丰富多彩的，而语言符号是有限的，不能与世界的丰富多彩一一对应，所以对世界的描写往往是"挂一漏万"的。三、语言总是落后于现实，不能时时产生与现实的新生事物相适应的表达。四、人类情感世界进入语言世界时往往受到更多的亏损，这反映了语言传情、说理的无能。

关于语言局限性的原因，钱冠连认为是语言符号的粒散性和线条性。他指出：语言符号提供给我们的世界和意义是很模糊的。如果用语言来勾画一个事物，我们只能得到一个疏略的框架。这个框架由颗粒组成，而且颗粒很大，线性排列中的各个语义点之间，在其前后左右，都有空白，所以单凭语言，我们永远不会知道颗粒以下的细部。另外，语言符号的线条性使得话语具有历时性和单维性。这也使语言的表达、认知和储存作用局限在一定的范围之内。

语言符号的局限性使得语境的介入成为言语交际的必需。为了解释语境的作用，钱冠连提出了"语境干涉"的理论，其主要内容包括两个方面：一是非语言语境对语言符号的干涉。简单地说，就是社会人文网络对交际者使用语言符号的干涉。他说："社会关系、文化传统、道德准则、行为规范、物质环境与自然力量组成一个无形的网，人不过是自以为自由的网中之鸟而已"。二是语言语境对语言符号的干涉。这种干涉是上下文、上下语境对使用语言符号（说与写）的限制与制约，对理解语言符号（听与读）的帮助与推动。根据钱冠连的观点，表面上看，交际者是语言符号的使用者，是语言的主人，而实际上，语境才是真正的主人。交际者都"是在做语言环境的奴隶，不折不扣的奴隶"。他们的言行都要受到非语言环境和语言性环境（上下文）的左右。

语境的干涉主要体现在下面几个方面：第一，语境对语言符号的使用（说与写）有强制、制约的作用；第二，语境对语言符号的理解（听与读）具有帮助、推动的作用；第三，语言符号的信息量和意义（语面的或隐含的）是在语境之中得以澄清的；第四，语境对说话者具有特殊的要求和限制。

语境干涉或介入的作用主要是克服语言符号颗粒性与线条性所造成的缺陷，填补空白的。钱冠连分析了语境干涉的具体作用：第一，语境具有填补粗疏、补充信息的作用。语境本身就有信息量。它就像一个磁场，使进入其中的一切句子增加了许多附加信息。第二，语境补充指示语的含义，使其明确所指。第三，语境创造话语的前提，作为交际双方的共知填补话语留下的空白。第四，语境解释了隐性行事性语句，帮助区分不同的实为语句。第五，会话含义在语境之中被推导出来，因为一个语境只有一个话语含义的选择，变换语境可能导致同一话语产生不同的会话含义。第六，听者对语言信息的超载部分的推导，实际上是一种语境搜索过程。第七，语境克服了语言符号的线条性造成的线性歧义。第八，语境使语言符号的信息量膨胀，使语词产生附加信息，例如：时代联系，语言社团，中国文化等等。第九，语境可以使同一句子结构产生不同的功能，因为语言结构的功能规则总是受语境制约的。第十，语境影响词语的价值，因为任何一个词的价值都决定于它周围的环境。

随着语言学的不断发展，语境的研究越来越受到语言学家的重视。在中国语言学的不同研究领域，学者们从不同的角度对语境的定义、结构、性质及作用展开研究，并取得了可喜的成果，涌现出大量的专门研究语境的论文和一批语境学专著。不仅如此，对语境的分析方法也从语言语境——即上下文，经由二元化——语言语境和非语言语境，三元化——语言语境、物理语境和共享知识，走向多元化（世界知识、集体知识、特定知识、参与者、正式程度及媒体等）的趋势。

北京语言学院出版社于1992年11月出版的西槙光正主编的《语境研究论文集》被认为是"第一部语境研究论文专集"。它收集了44篇专门研究语境的论文，可以说是当时的语境研究之集大成，比较全面地反映出了几十年语境研究的概貌。

内蒙古大学出版社于1993年出版了王占馥的《语境学导论》。该书从宏观的角度对语境进行了探讨，涉及语境内部之间的关系（决定与被决定、影响与被影响、限制与被限制、作用与被作用）和语境的性质（语境的传承性、渐变性、突变性、独特性、客观性），对心境的主观性、地方习惯的特殊性、交际对象的多变性、语用环境的灵活性和语境的交叉性也给予了论述。后来王占馥对《语境学导论》进行了扩充，于1998年出版了《汉语语境学概论》（南方出版社）一书，分章专门讨论了语境的特点（差异性、显现性、隐含性和层级性）和语境的功能（语境对语言表达、语言理解和分析词性及句法结构的作用）。另外，王占馥还于1995年出版了《语境与语言运用》一书，分析了语言成分对语境的适应，探讨了语境在言语交际中对语言的影响与制约规律。

1998年12月，宁夏人民出版社出版了冯广艺主编的《汉语语境学概论）一书。冯广艺指出，语境学主要研究语境的内容、语境的分类、语境的性质、语境对言语表达的制约、言语表达者适应语境的手段以及语境的各种功能。他以陈望道先生的"六何说"为依据，把构成语境的要素分成一般性要素（何时、何地、何人、何事、何故）和特殊性要素（何如、伴随要素、传媒要素），然后又从八个方面对语境作出分类：第一，微观语境与宏观语境；第二，显性语境与隐性语境；第三，简单语境与复杂语境；第四，题旨语境与情境语境；第五，情绪语境与理智语境；第六，逻辑语境与人为语境；第七，模拟语境与零度语境；第八，单语语境与双语语境、多语语境。在这个基础上，冯广艺从宏观和微观的角度，从言语表达者与语境的关系，从言语接受者与语境的关系，分析了不同语境的特点和作用以及交际者对语境的适应。

1999年9月，湖北教育出版社出版了冯广艺的另一部语境学专著《语境适应论》。他认为：语境是语言赖以生存、运用和发展的环境；语境制约着语言，决定着语言的命运；在语言运用中，人们自觉、不自觉地受到语境的制约，人们自觉、不自觉地适应语境；言语适应语境是语言学的一个核心问题。基于下面几点认识，冯广艺提出了语境适应的理论：第一，从语言运用的动态进程看，无论是言语表达者发出言语信息，还是言语接受者接受言语信息，他们都要依赖语境。参与交际的任何一方忽视或者脱离语境，言语交际都不会成功。语境是连接言语交际双方的纽带。在言语交际中，交际者都必须不断调整自己，适应语境。第二，语境是语言研究的一个重要参数。它不是语言学的哪一具体学科的专门术语和专门对象，而是整个语言学的共同术语和共同内容。语境和适应语境是一个问题的两个方　面。在言语交际中，如果一个人注意到了语境，那么他实际上就已经在适应语境了。尽管语境的构成不仅有客观因素也有主观因素，它仍然是客观存在的现实。适应语境则是一种主观行为，它是言语表达者的主观能动性在言语实践中的反映。交际者的主观行为依赖于客观存在的现实，即语境适应依赖于语境。语境不同，适应语境的方式也不同；语境发生变化，适应语境的方式也会发生变化。第三，适应语境是有规律的。语境的详细分类和各类语境特征的分析有助于认识不同语境的不同适应规律。这其中涉及三个结合：第一，宏观与微观的结合。既要分析语言运用的实际适应广阔的社会环境，如政治制度、经济生活方式、时代背景、人文地理环境、民族文化心理、思维方式、宗教信仰等的规律，又要分析语言运用的实际适应语音、词汇、语法等语言因素的规律。第二，语言因素与非语言因素的结合。语境的构成既有语言的因素，也有非语言的因素，适应语境的研究必须把这两方面的因素结合起来才能有针对性。第三，共时与历时的结合。既要借鉴适应语境研究的历史经验，又要借鉴现代的不同观点；既要注重不同语种的横向比较，又要注重汉语材料的纵向研究。

2002年12月，王建华、周明强和盛爱萍合作出版《现代汉语语境研究》。三位学者首先回顾了现代汉语语境研究的历史，然后对语境研究的几个理论问题提出了自己的观点。他们认为，语用交际系统由三大要素构成——"语用主体、话语实体和语境因素。语境"是与具体的语用行为密切联系的、同语用过程相始终的、对语用活动有重要影响的条件和背景；它是由诸多因素构成的、相对独立的客观存在，又同语用主体和话语实体互相渗透；它既是确定的，又是动态的，以语境场的方式在语用活动中发挥作用"。语境的性质包括：现实性、整体性、动态性、差异性和规律性。

语境本身是一个系统，其构成因素具有相应的结构性。三位学者区分出核心语境构成因素和外围语境构成因素。前者指在现实交际中与语用过程同现的并与之伴随始终的种种因素，常见的有时间、地点、场合、境况、话题、事件、目的、对象等不可少的现场语境因素，另外还有社会心理、时代环境、民族习俗、思维方式和文化传统等。后者主要指在语用交际中出现的一些带有临时性质的因素，例如交际者的身势、体态、关系、情绪，语用的载体、语体、风格等。

在三位学者的语境理论中，语境是一个层级性的结构。第一层：他们立足于语境与语言的关系，把语境划分为"言内语境""言伴语境"和"言外语境"。第二层：言内语境分为"句际语境"和"语篇语境"；言伴语境分为"现场语境"和"伴随语境"；言外语境分为"社会文化语境"和"认知背景语境"。第三层：句际语境分为"前句、后句"或"上文、下文"；语篇语境分为"段落、语篇"；现场语境分为"时间、地点、场合、境况、话题、事件、目的、对象"；伴随语境分为"情绪、体态、关系、媒介、语体、风格以及各种临时语境";社会文化语境分为"社会心理、时代环境、思维方式、民族习俗、文化传统";认知背景语境分为"整个现实世界的百科知识、非现实的虚拟世界的知识"。

与语境结构的层级性相对应,语境的功能也具有层级性。不同的语境因素,不同的语境结构,它们的功能也是不一样的,而且功能之间存在相互演变和渗透的动态关系。语境功能的实现是有条件的:一是语境本身的显隐程度和关联程度;二是寻求语境的最佳关联,并进行语用推理。

三位学者详细分析了语境的具体功能之后,探讨了语境结构的几个函变关系:第一,内部语境与外部语境之间的依存关系。内部语境义有时需要从外部语境得到补充;内部语境义依靠外部语境而得到解释;内部语境义经常随着外部语境而发生变化;外部语境义的产生要以内部语境为基础;外部语境义比内部语境义灵活、生动。第二,显性语境与隐性语境之间的依存关系:有时隐性语境义必须由显性语境义引申而来;有时隐性语境义是了解显性语境义的依据。第三,语境结构的稳定与动态的辩证关系:稳定语境通过动态语境得到展示;动态语境在稳定语境中得到聚焦。第四,现实语境与可能语境之间的辩证关系:现实语境为可能语境提供想象的基础;可能语境为现实语境开辟想象的空间。

第二章　交际语境因素分析

言语交际行为与言语交际环境之间存在着相互对应的关系，即彼此相伴而生。一方面，离开了具体的言语交际环境，言语交际行为便无法进行。无论是说者（或写者）的话语表达，还是听者（或读者）的话语理解，二者都离不开言语交际环境。另一方面，只有在有言语交际行为的发生并与之产生关系的时候，客观存在的各种事物才能构成言语交际环境，或者说，只有在有语言符号"流动"的时候才有言语交际环境的存在。言语交际行为的过程也是言语交际环境的构建过程。因此，言语交际行为的发生是以言语交际环境为条件的，而言语交际环境的构成也是以言语交际行为为条件的。二相互依存。

然而，一方面，并不是所有的事物都是因为言语交际行为而存在的，也即并不是所有的事物都会与言语交际行为发生关联，而成为其言语交际环境的；另一方面，言语交际行为的发生也不会激活所有的事物，并使之成为自己的言语交际环境。只有那些与具体的言语交际行为发生了关联，并对这一言语交际行为产生了实际作用的事物，才是具体的言语交际环境的构成因素；那些既与具体的言语交际行为没有关联，也没有对这一言语交际行为发生作用的事物，不是具体的言语交际环境的构成因素，尽管在言语交际行为发生的当时，它们也存在于现场或周围。因此，言语交际环境的构成涉及两个问题：一是它的可能因素，二是它的现实结构。二者的关系是，可能因素是现实结构的材料来源，而现实结构是言语交际行为与可能因素发生相关作用而产生的结果。

言语交际环境的研究既要考虑言语交际行为与言语交际环境之间相互依存的对应关系，又要考虑言语交际环境的可能因素，与言语交际环境的现实构成之间的既密切相关又彼此不同的关系。两种关系的结合指明了研究言语交际环境的基本路线：第一步，从言语交际行为的现象中观察客观存在的哪些事物有可能成为言语交际环境的构成因素；第二步，分析这些可能性的环境因素是如何相互作用而实现了言语交际环境的现实构成的。

第一节　交际语境的可能因素

一、案例解析

面对纷繁复杂的言语交际现象，很难一目了然地看清与言语交际行为相对应的言语交际环境。本节将沿着从现象到本质的路线，从言语交际现象中观察那些可能影响言语交际行为的环境因素，再从言语交际环境与言语交际行为的对应和一致的关系出发，分析这些可能的环境因素如何相互作用，而实现了言语交际环境的现实构成。

下面记录的是现实生活中的一个言语交际片段。某学院的李老师下班之后在路边等候单位的班车。12点左右，班车来了。李老师上车之后，看见了同事张老师。两个人相互打了一个招呼。张老师坐在靠车窗的座位，而她身边的座位被在李老师前面上车的一位女老师坐了。李老师便坐在了张老师后面一排、走道另一侧的座位上。随后，两人之间发生了下面一段对话：

李老师（坐下之后，身子前倾）："怎么样，那事进行得咋样了？"

张老师（从坐在身边的那位女老师的身前探出头来）："哎，我也正想给你说这事呢。我跟人家说了……反正……不太好弄……这个孩子……"

李老师（先是一愣，随即反应过来）："是不是缺课太多了？"

张老师："就是的。"

李老师："唉，学院经常让她参加一些活动，可能就缺课太多了。她爸爸昨天还说这事呐。"

张老师（有点犹豫）："也只能到期末再看了。"

李老师："是吧？我刚才是问你表弟的那事进行得怎么样了。"

张老师（恍然地）："哦……不知道怎么样了。我最近比较忙，一直也没有问。不过他也刚出差回来。我回头问一问，再给你说。"

李老师（身子坐正）："好的。"

张老师："就这样。"（笑了笑，也收回身子）

我们借鉴陈望道的语境理论中的"六何"，从六个角度来观察这一言语交际现象，发现了下面这些可能的环境因素：

1. 何时（交谈的具体时间）：中午 12 点多。

2. 何地（交谈的地点或场合）：在单位的班车上。周围有其他乘车者，其中的四位是与李老师和张老师在同一学院工作的同事。随着汽车的行驶，不时有身体的颠簸和低沉的噪声。车窗外时有其他车辆的闪过和喇叭声。

3. 何人（交谈主体）：张老师和李老师这两位交际主体身上反映出的环境因素，例如他们各自的年龄、性别、文化修养和思想修养、宗教信仰、与人交往的习惯、乘车的习惯，二人的同事关系、相互的了解、彼此的态度，二人当时的心理状况、身体状况等。

4. 何事（交谈的话题）：李老师起初想了解张老师表弟的"那件事"，但由于张老师的误解，二人先交谈了一个学生的事情，然后才回到张老师表弟的那件事。

5. 何如（交流的方式）：面对面的口语交谈，由五个话语回合组成：主要部分是四个问答组合，最后是李老师结束交谈的表示和张老师的何应。不论是五个话语回合的内部，还是它们之间的过渡，都存在某种约束性的影响。二人的话语形式和内容都构成了对方话语形式和内容的条件，例如，李老师的问话便是张老师回话的前提。

6. 何故（交谈的目的）：李老师的话语目的是了解事情的进展（一个是有意的追求，一个是随机的获得），而张老师的话语目的是提供李老师需要的信息和作出一些解释。

二、交际语境因素归纳

仅从观察到的现象无法确认具体哪些环境因素是两个言语交际环境的现实构成，哪些环境因素只是它们的可能因素。

我们将从言语交际环境与言语交际行为之间的相互对应和一致的关系入手，对所观察到的可能性的环境因素作进一步的分析，为研究这些可能性的环境因素如何相互作用而实现了言语交际环境的现实构成打下基础。

第二节 交际语境的可能因素与言语交际行为的对应关系

一、影响言语交际行为的因素

如果把前面观察的结果和其中包含的思路推而广之，便可以提出这样的观点：一般说来，言语交际行为都可能受到来自六个方面的因素的作用。一是言语交际行为的具体时间，即"何时"。二是言语交际行为的地点或场合，即"何地"，主要包括现场的物理环境因素，例如行为发生的具体位置，周围的人和物所形成的场景。三是言语交际行为的主体，即"何人"，其中可能涉及主体的各自因素和相互因素。所谓各自因素是交际主体各自的身份、地位、职业、文化修养及思想修养，在交际过程中的心情和处境等因素。所谓相互因素是交际主体之间的相互关系和相互了解，即交际主体之间的知识关系，其中包含两种表现形态：客观上的社会关系（诸如亲友、师生、同事等）和交际行为形成的临时关系（如说与听、写与读等关系）。四是言语交际行为所涉及的事项，即"何事"。它是说或写的内容，或是记述一件事，或是阐发某一道理，或是其他什么内容。五是言语交际行为的媒介，即"何如"，涉及语言性媒介与非语言性媒介的作用、口语交际与书面交际的作用、面对面交谈与远距离通话的作用。六是言语交际行为的目的，即"何故"。话语的目的可能是提问、请求、建议，也可能是应答、说明、解释。当然，这些只是我们根据所观察的现象归纳出的可能影响言语交际行为的环境因素，还不是言语交际环境的现实构成。为了弄清言语交际环境的现实构成，还需要对这些可能因素作进一步的梳理。

如前所述，言语交际行为是发生在人与人之间的以语言为主要媒介的人类社会活动；它具有四个基本特性，即人际性、语言性、社会性和现场性。从这个定义来看，作为人与人之间的一种互动行为，言语交际行为的发生至少受到四个方面因素的作用：一是交际主体，二是交际媒介，三是交际现场，四是社会环境。那么，在我们观察的"六何"中是否存在这四个方面的环境因素？答案是肯定的。

一方面，如果从它们与言语交际行为的对应关系来观察，"六何"的环境因素便可以概括为三个系列：第一，主体系列，即何人，指的是交际主体自身反映出的环境因素；第二，话语系列，包括何如、何事和何故，其中何如是话语形式反映出的环境因素，何事是话语内容反映出的环境因素，何故是话语目的反映出的环境因素；第三，现场系列，包括何时和何地，是时空因素所形成的物理环境。另一方面，透过表象看本质，"六何"的每个因素都包含着社会文化的内涵。作为交际主体的人是社会的成员，所反映出的环境因素不仅具有生理的特性，更有社会文化的属性。话语的运行是对语言的具体运用和体现，而语言是社会的产物，所以话语系列的因素也必然包含社会文化的基因。只有现场系列的因素看似全自然的，但是人类社会的哪一现场不被赋予特定文化的内涵？从家居的环境到城市的规划，都明显地反映出文化的差异。不论是对自然环境的理解，还是人居环境的建设，无一不包含社会文化的元素，现场系列的因素也是难免具有社会性质的。我们所观察的"六何"因素不就包含了四个方面了吗？

把"六何"的环境因素概括为三个系列（其中每个系列都包含社会文化的内涵），不仅反映了它们与言语交际行为的对应关系，更主要的是有利于我们观察这些可能因素如何与言语交际行为相互作用，这些可能因素之间又如何相互作用，进而实现了言语交际环境的现实构成。目前，我们暂时把观察的重点放在三个系列的环境因素与言语交际行为之间的相互作用上面。

二、言语交际行为与交际语境间的关系

言语交际行为与言语交际环境之间的对应和一致的关系是它们相互作用的结果。一方面，言语交际行为一旦发生，它便会激活一些环境因素，使它们有可能成为影响这一言语交际行为的语境。另一方面，环境因素的相互作用不仅可能激发某一言语交际行为的发生，而且可能影响这一行为的后续发展。具体的言语行为与环境因素之间的相互作用是实现言语交际环境的现实构成的力量之一。

从言语交际行为的角度来看，它的不同形态可能激活不同的环境因素，于是在言语交际环境的现实构成中，三个系列的可能因素所发挥的作用就可能存在差异。例如，远距离的书信来往或电话交谈等交际形态，可能会降低现场系列的可能因素在言语交际环境中的作用，同时也可能提高话语系列的可能因素在言语交际环境中的作用。相反，面对面的口头交谈可能强化现场系列的可能因素在言语交际环境中的作用，却可能削弱话语系列的可能因素所起的作用。学术交流的交际形态可能使得主体系列的可能因素，例如参与者的学术水平，成为言语交际环境的突出因素，因为学术水平不一致的两个主体很难实现学术问题的讨论。

言语交际行为的不同形态不仅会影响环境因素的三个系列之间在言语

交际环境中的比重关系，而且可能导致三个系列内部的具体因素在言语交际环境中的作用出现不同的情况。学术交流与日常闲聊是言语交际行为的两种不同形态，对主体系列内的认知能力、学术水平等因素的要求显然不同。这样，主体的认知能力和学术水平，这两个因素在学术交流的言语交际环境中的作用，就会不同于它们在日常闲聊的言语交际环境中的作用。正式的会谈和私下的交流也是言语交际行为的两种不同形态。尽管二者的交谈内容可能是完全一样的，参与主体也是完全一样的，它们对现场系列的环境因素却会有着不同的要求。

前者可能要求现场比较严肃、比较封闭、比较正式，而后者可能要求现场比较轻松、比较开放、比较随便。话语系列的可能因素也是如此。正式会谈的话语形式显然不同于私下交流的话语形式。这样，与之相对应的环境因素在具体的言语交际环境的现实构成中就可能有着不一样的作用。

受到言语交际行为的作用，环境因素可能出现显性与隐性的变化，或者用斯波伯和威尔逊的术语表示，环境因素的易识性发生变化。在一般情况下，与主体因素、话语因素和现场因素相比，社会文化是隐性的环境因素，它往往作为三个系列因素的内涵而发挥着隐性的作用，然而在跨文化交际中，它却比其他因素更为明显，成为显性的环境因素。不同地区之间的言语交际可能使得方言差异所引起的环境因素成为最具显性的因素，不同性别之间的言语交际可能使得与性别差异有关的因素成为显性的。这些都反映了言语交际环境与言语交际行为之间的对应关系。

人与人之间的言语交际行为一般可以划分为三个阶段：起始、持续和结束。在第一阶段，首先说话的主体可能受到两个系列因素的影响，即主体因素和现场因素，而影响听者的环境因素却不仅包括主体和现场的因素，而且包括话语系列的因素。在持续和结束的两个阶段，交际双方的话语环境都会包含三个系列的环境因素，但是它们各自的具体成分和结构还要看言语行为的具体形态。

随着言语交际行为的进行，话语系列的环境因素也会不断变化、不断扩展。以记者招待会的言语交际现象为例，随着官员的话语不断运行和扩展，影响那位记者理解的环境因素也在不断地扩展。从词与词的环境关系，到句与句的环境关系，又到段与段的环境关系，以至整个语篇所形成的环境，都可能对他的理解产生作用。主体系列的因素也是这样。随着话语的展开，那位记者对那位官员的认识可能发生变化，出现新的主体系列的环境因素。这一点在李老师与张老师的交谈中反映得更为明显。张老师的话语似乎透露着犹豫或为难的信息。随着话语的进行，李老师也似乎感觉到了这些信息。于是在李老师的主体系列的环境因素中发生了一些变化，从起始阶段的"张老师可能愿意交谈那件事"转变成为"她不愿意交谈那件事"。同样的，张老师一方的主体因素也会随着话语的进行，而出现一些变化，这些变化都是言语交际行为与言语交际环境之间的对应作用所引起的结果。

第三节　交际语境因素间的相互作用

一、交际语境因素的三维结构

　　三个系列的环境因素与言语交际行为之间的对应关系有助于我们观察言语交际环境的现实构成可能包含哪些环境因素。但是，言语交际环境的现实构成，不仅受到环境因素与言语交际行为之间的对应作用的影响，而且受到这些环境因素之间的相互关系和相互作用的影响。任何事物的发生都有内因和外因，而内因才是决定性的。环境因素内部的相互关系和相互作用才是言语交际环境的现实构成的内因。所以，要准确地分析言语交际环境的现实构成，我们还需要观察环境因素的三个系列之间有着怎样的相互关系和相互作用。

　　三个系列的环境因素围绕着言语交际行为而发生相互关系和相互作用。

它们之间既相互独立、彼此不同，又相互依存、彼此渗透，并且围绕着言语交际行为构成了一个三维结构的信息网络。在这个三维结构之中，三个系列的环境因素相互作用、相互融合，汇成了言语交际环境对言语交际行为的作用力。

在这个三维结构之中，话语系列的环境因素从交际媒介的内部，对言语交际行为的进行提供环境支持。它们是语言性质的环境因素，存在于话语结构的词与词、句与句、段落与段落以及整个语篇的结构中。如果没有话语系列的环境因素所提供的信息支持，听者或读者便无法理解话语形式的结构和意义。但是，仅有话语系列的环境因素的信息支持，说者或写者只能表达句子意义，听者或读者也只能理解句子意义。要表达或理解具体的言语交际行为的话语意义，还需要其他环境因素的支持。

在这个三维结构之中，现场系列的环境因素从时空的角度，对言语交际行为提供环境支持。如果没有现场系列的环境因素，言语交际行为就失去了发生的时间和空间。借助现场系列的环境因素提供的信息，话语形式可以明确自己的所指，实现句子意义的具体化。如果没有现场系列的环境因素，话语的表达就可能停留在句子意义的层面，进而也就失去了作为交际媒介的作用。而且，具体话语的词语和结构不仅受到话语系列的环境因素的作用，也会受到现场系列的环境因素的作用。例如，在李张会话之中，李老师使用"那事"来指称交际的话题，不仅是出于话语本身的考虑，也是出于现场环境的考虑。

然而，无论是话语系列的环境因素，还是现场系列的环境因素，都是外在的客观存在，它们对言语交际行为的作用不仅取决于它们自身的特性，而且取决于交际主体的主观能动性，取决于它们在交际主体的心理产生怎样的认知。如果没有交际主体的心理认知，不论是话语系列的环境因素，还是现场系列的环境因素，都不会对言语交际行为产生作用。而在这个三维结构之中，主体系列的环境因素的作用正是影响话语系列和现场系列的环境因素如何被交际主体认知的。在主体系列的环境因素的作用下，交际主体对话语系列和现场系列的环境因素进行认知加工，形成某种认知假设。这些认知假设才是作用于具体的言语交际行为的具体环境，即言语交际环境的现实构成。

话语系列的环境因素是因语言单位之间的相互运行而产生的环境因素，也可以说是来自言语行为本身的环境作用；现场系列的环境因素是与言语行为发生关联作用的客观事物和现象、也可以说是外在于言语行为的环境作用；而主体系列的环境因素则来自于言语行为的主体，具有原动力的特性。因此，对于言语交际环境的现实构成，我们提出的假设是：在主体系列的环境因素的作用下，交际主体对话语系列的环境因素和现场系列的环境因素给予认知加工，形成了与言语交际行为相对应的语境性假设。这一语境性假设便是具体言语交际行为的言语交际环境。

二、交际语境因素的社会文化内涵

需要特别注意的是，三个系列的环境因素都包含着社会文化内涵。不论是对三个系列的环境因素的观察，还是对言语交际环境的现实构成的分析，都不能忽视社会文化因素的作用。社会文化都包含哪些因素？根据多数研究者的观点，社会文化因素可以分为历史文化因素和现实文化因素。前者是不同民族在其历史发展的长河中逐渐形成的世界观、价值观念、民族意识、宗教信仰、社会生活等方面的文化沉积。后者是现实社会的社会制度、政治经济、法律法规、道德标准等方面所形成的社会行为规范。

社会文化因素肯定对言语交际行为有着影响作用，但是在一般情况下，它的影响作用是通过三个系列的环境因素来体现的。一方面，三个系列的环境因素是由于社会文化的作用而具有了文化内涵。它们或者是被赋予了社会文化的内涵，或者就是在社会文化的背景下形成的。可以说，社会文化是话语性的环境因素、现场性的环境因素和主体性的环境因素的生命源泉。对于话语系列的环境因素来说，社会文化决定了语言的内部成分和结构特征，而言语行为是对语言的具体运用，话语是对语言的具体体现，因此话语系列的环境因素难免社会文化的元素。而对于现场系列的环境因素来说，社会文化赋予了它们特定的含义。存在于现场的客观事物和现象，甚至时间的概念，无一不被打上社会文化的烙印。主体系列的环境因素更是如此。哪个人能够否认自己是社会化的个体？哪个人能够否认自己是社会的一员？另一方面，在具体的言语交际行为的过程中，社会文化必须依赖某种具体的事物才能得到体现。它要么反映在交际主体的身上，要么反映在交际媒介的形式上面，要么反映在现场的环境因素上面。比较而言，社会文化之对言语交际行为的作用是隐性的，而三个系列的环境因素的作用是显性的。当然，正如前文所述，随着言语交际行为的具体形态发生变化，社会文化因素也可能呈现为显性的环境因素，例如在跨文化交际的行为中。

第四节　交际语境话语系列的环境因素

一、交际语境话语环境因素内涵

言语交际环境的现实构成是，在主体系列的环境因素的动力作用下，交际主体对话语系列的环境因素和现场系列的环境因素给予认知加工，从而形成了与言语交际行为相对应和一致的语境性假设。言语交际环境的现实构成既是一个心理认知的过程，也是一个心理认知的结果。对于这一过程和结果的研究不仅涉及上文提到的言语交际行为与言语交际环境的对应关系和三个系列的环境因素之间的相互作用，而且涉及如下几个问题：第一，三个系列的环境因素各自的内部是如何构成的，又是如何运行的？第二，交际主体的心理认知是如何进行的？第三，主体系列的环境因素是如何影响交际主体的认知过程和结果的？

在一般情况下，话语系列的环境因素和现场系列的环境因素要比主体系列的环境因素更易于观察。人们一听便有可能识别哪些话语因素对于言语交际行为是重要的，哪些话语因素不是那么重要的。同样，人们也很容易识别现场的哪些因素可能直接影响言语交际行为，哪些因素却与言语交际行为没有关联。相比之下，主体的内在因素，例如主体的性格、爱好、习惯等因素，往往需要透过现象才能观察到。因此，对于三个系列的内部构成和运行，我们就从便于观察的话语系列和现场系列开始我们的探讨。

概括地说，话语系列的环境因素产生于语言单位在具体的话语结构内的相互联系、相互影响、相互制约和相互作用。一般说来，话语系列的环境因素可以划分为三个层面：一、语篇层面。主要有口语语篇（包括日常口语语篇和正式口语语篇）和书面语篇（包括应用体语篇、文学体语篇、科技体语篇、政论体语篇等）。二、前言后语（上下文）层面。主要有段落与段落相互运行而产生的段落之间的语境因素（其中又可分为前段语境因素和后段语境因素）和句子与句子相互运行而产生的句子之间的语境因素（其中又可分为前句语境因素和后句语境因素）。三、话语内部结构层面。这一层是词与词之间相互运行而构成句子时出现的语境因素。

二、环境因素所起的作用

不同的话语形式一定有着与之对应的话语系列的环境层面。不论是说者还是写者，在生成各种话语形式的时候，都可能受到这些环境因素的影响；不论是听者还是读者，在理解各种话语形式的时候，也都可能受到这些环境因素的影响。在前面观察的两个言语交际现象中，李张会话的话语系列属于日常口语语篇，而记者招待会的问答属于正式口语语篇。前者由五个话语回合构成，形成了五个段落性的环境因素；后者尽管只有一个话语回合，而官员的回答却独自构成一个完整的语篇，其中包含了四个段落，自然形成了四个段落性的环境因素。每个话语回合或者段落的内部都由若干句子构成，它们之间的运行便形成了句子之间的环境因素，例如，李老师的问话是张老师问话的前提。最后，每个句子的内部结构都存在词与词之间相互运行而形成的环境因素。

  为了进一步说明话语系列的环境因素是如何构成和运行的，我们再分析一个具体的书面语篇（选自周国平散文）的一则人生寓言。它的第一个句子是："哲学家爱流浪，他的妻子爱定居。"

  从语法结构看，这是一个由两个分句并列合成的复句；它们都是主谓宾结构。从句子意义看，两个分句表达了两个对立的命题，反映了两种生活态度的对比。如果两个分句的主语对调，那么全句的意义就会发生相反的变化。动词"爱"的语义特征决定了"人爱物"而非"物爱人"的语义关系。从语音结构看，全句只有一个句调；句末有较大的停顿，书面上用句号表示；分句之间有较小的停顿，书面上用逗号表示。逗号所表示的较小停顿是复句存在的必要条件之一。如果将逗号改为句号，分句便独立成为两个单句，复句随之不复存在。比较下面两组话语，我们便可以看出分句对立与单句对立之间的微妙差异。

  ①哲学家爱流浪，他的妻子爱定居。不过，她更爱丈夫，所以毫无怨言地跟随哲学家浪迹天涯。

  ②哲学家爱流浪。他的妻子爱定居。不过，她更爱丈夫，所以毫无怨言地跟随哲学家浪迹天涯。

  从信息的流程看，话语①表达的语义是，尽管夫妻之间的生活态度存在对立，但是由于妻子非常爱丈夫，所以她毫无怨言地跟随丈夫浪迹天涯；而话语②所表达的语义却是，尽管妻子爱定居，可是她更爱自己的丈夫，所以毫无怨言地跟随丈夫浪迹天涯。

  前者突出的是夫妻的不同生活态度与妻子对丈夫的爱的矛盾：妻子更爱丈夫，以致他们生活态度的对立不能阻碍妻子毫无怨言地跟随丈夫浪迹天涯。后者突出的是妻子爱定居与妻子爱丈夫之间的矛盾：妻子更爱丈夫，以致妻子对定居的爱不能阻碍她毫无怨言地跟随丈夫浪迹天涯。现实的话语选择了前者，于是句与句相互运行而产生了下面的段落：

哲学家爱流浪，他的妻子爱定居。不过，她更爱丈夫，所以毫无怨言地跟随哲学家浪迹天涯。每到一地，找到了临时住所，她就立刻精心布置，仿佛这是一个永久的家。

我们不难看出，这个段落有一个话题——哲学家的妻子，一个主题思想——她爱定居，更爱丈夫。它们是段落运行所围绕的核心。代词"他"与"哲学家""她"与"妻子""这"与"住所"之间的所指关系，"不过""所以""每……就……"之类的关联词语，它们都标明了句子之间的语义关系。一方面，这些因素为句子相互运行而构成段落提供了语境条件或限制；另一方面，它们也为读者理解这一段落提供了语境条件或限制。

从这一段落的语义，我们可以看出，尽管夫妻对生活的对立态度不能阻碍妻子毫无怨言地跟随丈夫浪迹天涯，但是会反映在他们日常生活的行为上。夫妻每到一地，妻子就会立刻精心布置，仿佛它是一个永久的家。而丈夫是怎样做的呢？从夫妻对生活的对立态度，读者可以猜出一些。后续的话语也证明了读者的猜测：

"住这里是暂时的，凑合过吧！"哲学家不以为意地说。

随着段落之间的相互运行，语篇便应运而生。围绕着一个主旨，段落之间的过渡、衔接、连贯，语句的上下文参照，它们共同营造出一个语篇情境。这一语篇情境便是最高层面的话语系列的环境因素。

总之，词与词相互作用而产生话语结构内部的语境因素，句与句相互作用而产生前言后语层面的语境因素，段落与段落相互作用而产生语篇层面的语境因素。它们在不同的层面对言语交际行为发挥着环境性的作用。

第五节 交际现场的语境因素

一、现场环境与交际语境

话语系列的环境因素只是从话语内部运行的角度给予了言语交际行为的环境支持。在这一系列环境因素的帮助下,说者或写者能够表达字面意义,听者或读者也能理解字面意义。而要表达或理解具体的言语交际行为的话语意义,还需要现场系列的环境因素参与其中。没有现场系列的环境因素,言语交际行为就失去了发生的时间和空间。没有现场系列的环境因素提供的信息支持,话语的表达就可能停留在句子意义的层面,因而也就失去了作为交际媒介的作用。

借助现场系列的环境因素提供的信息支持,话语形式可以明确自己的所指,实现句子意义的具体化。话语系列的环境因素使其字面意义非常清楚。然而要了解这段对话所传达的话语意义,还需要现场系列的环境因素给予支持。如下面的句子:

"他去学校了。"

此句的句子意义是清楚的。然而,它的话语意义却会随着现场系列的环境因素而发生变化。代词"他"和名词"学校"只有在具体的现场环境的信息支持下才能有明确的所指;"去学校"也会随着"他"和"学校"的所指不同而表达不同的具体行为。例如:

(一)如果说话的当时是学校上课的时间,而"他"和"学校"的具体所指分别是一位教师和这位教师工作的单位,那么此句的话语意义就可能是"他上班去了。"

(二)如果说话的当时是学校上课的时间,而"他"和"学校"的具体所指分别是一位学生和这位学生就读的学校,那么此句的话语意义便可能是"他去学校上学去了"。

（三）如果说话的当时是学校上课的时间，而"他"和"学校"的具体所指分别是一位学生家长和他孩子就读的学校，那么此句的话语意义就可能是"学生家长去学校向老师了解或交流自己孩子学习的情况"。

以上两例反映的事实是：现场系列的环境因素对话语意义的表达与理解有着直接和显性的作用。可以说，交际媒介的句子意义是在现场系列的环境因素的作用下才成为了话语意义，而且在不同的现场环境的作用下转化成为不同的话语意义。不仅如此，现场系列的环境因素还可能影响言语交际行为的具体形态。以下为一段现实生活中的言语交际现象：

2023年6月15日中午12点左右，两位三十多岁的妇女坐在2路公共汽车的最后一排，正在交流如何惩治丈夫喝醉酒的经验。她们左右都坐着乘客，前面站着五六个乘客（笔者就在其中）。从她们谈话的声音和神态来看，两位妇女仿佛没有在意周围的乘客是否"偷听"她们的交谈。时间持续了十分钟左右，其间汽车三次停车并有乘客上下车。两位妇女只是在每次停站的片刻时间暂时停止交谈。汽车一启动，她们便继续原来的话题。

两位妇女在公共汽车上旁若无人地谈论自己的丈夫是与当时的现场环境有关的。首先，汽车运行时所产生的噪声为她们的交谈提供了一定的掩护，使得周围的乘客不易听到她们的谈话内容。在三次停车的时间，她们暂停了交谈，而汽车一启动，她们又继续原来的话题。可以说，随着汽车噪声这一现场的环境因素发生的变化，两位妇女的言语交际行为也出现了不同的形态。再者，两位妇女周围的乘客都是陌生人。她们是谁无人知晓；她们的丈夫又是谁也无人知晓。这样，其他乘客对她们的谈话内容就可能没有兴趣，即使听到她们的谈话内容，也会只当作"故事"听听而已。如果乘客中出现了两位妇女的熟人，那么她们的交谈就有可能发生变化。

笔者继续观察，果然出现了新的情况：2路公共汽车继续前行，来到了银川市新城西站。汽车一停，上来几位乘客，其中一位三十几岁的妇女显然与前两位妇女认识，因为她们一见面就彼此打招呼。这位妇女挤在那二位妇女的前面，三人开始了交谈，不过谈话的内容不再是如何惩治丈夫喝醉酒，而是一个新的话题——各自孩子的学习情况。

仅从现象看，新城西站上车的这位妇女是一个客观存在。她的出现增加了现场系列的环境因素，也改变了原来的二人交际形态，促生了新的交际形态。不过，从本质看，这位妇女不仅是客观存在的个体，也是一个有着主观能动性的行为主体，更是构成社会的一个成员。所以她本身不仅可以充当现场系列的环境因素，而且更可能引发一些主体系列的环境因素。现场的其他乘客也是这样。他们不仅以客观存在的形式出现在言语交际行为的现场，更因其社会属性和主观能动的特性，而引起一些主体系列的环境因素。例如，作为社会成员，现场的人们都与那两位妇女有着某种社会关系。人与人之间的不同社会关系便是可能影响言语交际行为的一个环境因素。

二、语言交际模式

社会成员的关系可以概括为三种：陌路关系，利害关系和感情关系。所谓陌路关系就是人们之间互不相识的社会关系，也可以称为无关关系；所谓利害关系是指以利益为基础的社会关系，例如同事、同学、师生、上下级等；而感情关系是指血亲或友情、爱情。利害关系和感情关系又可以称为相关关系。在这个具体的言语交际现象中，开始的两位妇女与车上的其他乘客之间是陌路关系。这一关系为她们的言语交际行为提供了一个心理上的安全空间。而她们与新城西站上车的那位妇女相互认识，处于相关关系，而且由于后者的积极介入，原来的二人交际模式改变成了三人交际模式。

第三章　交际语境写作理论概述

交际语境写作认为写作即交流，它提倡在特定的交际语境中引导学生回归生活的真实，从而使学生写出具有真情实感的文章，它区别于"文章中心的产品写作""作者中心的过程写作"这些传统的写作范式，是一种以读者为中心的写作设想策略。

第一节　交际语境写作概念界定

交际语境写作理论作为语文学科的前沿理论，有利于真正调动作者写作的兴趣，解决学生"不想写、不知如何写、没东西写"的问题，从而为高中写作教学提供了一种新的理论支持，因此在探讨交际语境写作理论的具体应用之前，应首先了解其内涵。

一、交际语境写作理论的内涵

（一）交际语境

交际语境又称情境语境，是指交际主体进行言语交际活动的环境，它不仅包括语言所发生的实际环境，比如发生的时间、地点、交际双方的关系、社会文化背景等，还包括语言内容的前后关系、上下句关系，它是一种真实的或拟真的情境，具有客观现实性、动态性、共享性。

（二）交际语境写作

交际语境写作，是在建构主义学习理论、交际学情境认知理论、功能语言学等多理论交叉的启发下总结而出的一种新兴的写作理论。荣维东教授为其下了清晰的定义，"所谓交际语境写作，是指为达成特定交际目的，针对某个话题、面向明确或潜在的读者进行的意义建构和书面交流，它的主要特点是将写作置于真实或拟真的社会情境、任务场景或者具体语境中，强调写作中的读者意识、目的意识、功能意识、语境意识等。"交际语境写作是一种强调学生与生活的关系，强调其实用性和真实性的交际问题处理方式。

二、交际语境写作理论的来源

交际语境写作理论是在学科交叉发展中形成的一种交叉理论，是荣维东教授运用功能语言学理论、社会认知理论、建构主义、情境认知理论、传播学等理论与交际语境总结出的写作范式，交际语境写作理论的实质是：作为交际行为的写作。

（一）**交际理论与语境理论**

写作的本质是一种关乎人与人之间关系的交际行为，作为一种写作理论，交际语境写作理论十分重视交际的作用。正如 Grabe 和 Kaplan《写作的理论与实践》一书中写道："几乎在所有的语境中写作的目的都是交际"。

交际语境理论作为一种新的写作理论，虽然才刚刚起步，但是它所包含的写作交际理念在国内有着很长的历史，我国在先秦时期就有写作交际功能相关的记录，比如孔子强调书写的社会教育作用，孟子主张"知人论世"，以激发作家的阅读意识，其后，从汉代"上以风化下""下以风刺上"，到唐朝白居易注重"以文兼言"，都体现了对写作交际功能的重视。而在现代提出的"真实写作""读者意识"等观念中，也能看到"论辩""修辞"等实践的影子。教师将这种思想应用到现代汉语教学中，就可以通过交际来影响学生，让他们能流利地使用语言进行沟通，表达自己的思想和情感。而这正能体现出交际理论的实际价值。

语境理论则认为，"语境是言谈与书写被限定的所有环境，是意义生成的基本条件"咒语境理论是一种综合多种学说的新兴的交叉理论。同时作为语言教学的新的理论依据，运用在现代语文教学中，语文教学中的识字教学、阅读教学、写作教学、口语交际与综合性学习等都需要借助于具体的语境来实现教学目标，

交际是写作的目的，语境是写作的基础。交际语境理论正是把两种理论的优势结合起来的一种新型写作教学的理论。

（二）交际语境写作的理论基础

1. 功能语言学理论

英国语言学家韩礼德是功能语言学理论的创作者。他指出，语言的意义来自语境（在功能语言学中，语境是语言的意义）。他把语境定义为"文本在其中展开的整个环境"。他认为，语境和语言相互影响，语言的表达形式通常取决于语境，而特定的语言中会产生特定的语境，因此，在构建自己的语言意义潜势的过程中，学生也会为自身建构社会意义。因此，交际语境写作正是以语境为基础，来研究语言的意义建构和表达形式选择的理论。也正是由于语境被教育界越发重视，使得"真实性"在写作教学中得以凸显。

2. 情境认知理论

情境认知理论产生于20世纪80年代，它的形成受维果茨基社会学理论、心理学理论、认知科学理论、和人类学理论的影响。情境认知理论认为，知识并不是独立存在的，而是在个体与群体的行动中，个体参与到新的情境中并在该情境中协商产生的结果，因此学习是有情境性的。"必须把学习镶嵌在它所进行的社会的和物理的境脉中，有意义的学习才会发生。""真正的任务通常是日常生活中的活动，它们具有极大的潜在动机资

源。"所以在真实情境下的写作，其目的性和意义性将会极大地改变传统的写作观念，从而为交际语境写作理论提供了有益的启示。

3.建构主义原理

建构主义具有"情境""协作""会话"和"意义构建"的特征，建构主义原理认为，知识是学习者在一定的情境和社会文化背景下，通过人际的协作活动而实现的意义的主动构建，它还认为，文学作品本身是无意义的，只有通过阅读实践活动，才能将其真正的意义体现出来，从而使读者和作家的地位相提并论。

综上，当我们运用这种理论对传统的写作教学进行审视，可以发现在这样一种观念下，写作者会更重视读者的需要，同时，写作将不再局限于单词的拼凑与个人的信息加工之间，而更多体现了读者与作者之间的交际和意义的建构。因此，写作具有了交流互动与意义建构的特征。

第二节　交际语境写作理论视野下任务驱动型作文教学价值探析

交际语境写作理论经过荣维东系统论述后，是对交际语境写作的总结与提炼，与"文章写作""过程写作"两大范式有所区别，交际语境写作范式包括真实的或拟真的言语交际语境，包括读者、目的、体式、语言等交际语境要素，写作被看作是个体与外在真实生活世界、精神世界以及社会文化世界之间，一切的意义建构和交流的写作，交际语境写作要素与任务驱动型作文中的任务指令有相似性，都是一种基于交际任务的真实写作，受该理论的指导能够以任务语境要素为核心解决写作教学问题。

（一）交际语境写作理论发展过程

1.交际语境写作理论发展

我国古代教育家孔子重视文章的社会教化功能，近代朱自清强调读者在写作中的重要性，甚至创造"假想的读者"也要唤醒作者的表达意识，夏可尊也认同对读者意识的培养，学生对写作动机的认识，对读者的情况等都是行文的关键。可见，早已有研究者重视写作的交际作用，在荣维东正式提出交际语境写作理论前，学术界就已经出现了有关交际语境在写作中应用的研究成果。在理论的探索时期有李吉林的"情境教学实验"、于永正的"言语交际表达训练"情境作文实验等，这些尚未形成系统的交际语境探索为该理论奠定了基础。理论探索中期有更多的基于读者意识或情境意识的教学实践，例如李海林、魏小娜等人对"真实写作"的探讨，李海林提出"真实写作"包含真实的写作任务、对象、环境、成果四个因素其实质指向了交际语境写作，荣维东在我国写作理论乱象丛生的背景下，基于功能语言学理论、认知情境理论等的研究中找到了适合我国未来写作发展需要的写作理论，即交际语境写作理论。他认为现在的交际语境写作将过程中心、文章中心转换为读者中心，强调了写作主体的转移，不再是单一的学生身份，而是根据不同的作者、读者身份进行写作，是一种在特定语境中的书面表达交际行为。

越来越多研究者对交际语境写作理论展开后续的研究，尤其侧重对交际语境要素在写作教学中的具体运用，如邓彤的微型化写作教学视交际语境写作理论为理论基础，希望以交际语境来展开写作教学活动，2015年出现的任务驱动型作文具备任务指令，情境具有交际性，与交际语境写作要素要求相似，任务驱动型作文是高考常考的写作类型，已经发展成为一种高考考查趋势，是一种受该理论影响的有效写作题型，因此，交际语境写作理论的发展情况关系着任务驱动型作文的教学，为实现任务驱动型作文的长远发展提供理论指导。

2. 交际语境写作要素分析

交际语境写作要素在国外被称为"写作的修辞语境"，国外对要素有不同的组合，如"三要素说"分别包含了读者、写作者、信息，"四要素说"主要包含了题目、目的、读者、写作者，"五要素说"主要包含了目的、读者、话题、场合、写作者。交际语境写作理论中的写作要素包含作者、读者、目的、文体、语言等，而本研究则充分结合了任务驱动型作文具有任务指令与说理能力要求等特征，着重分析重要的几个交际语境写作要素，运用于任务驱动型作文教学中，从任务语境要素出发解决目前任务驱动型作文教学问题。

作者的身份变换受读者身份影响，不再是文章的制作者，而成为语篇写作的对话者，必须根据读者的信息、认知背景调整说话的口吻，始终围绕着真实问题与读者交流。作者在写作中可以根据具体的身份选择写作立意、结构、语言表达方式等，有极大的写作空间供写作者选择。

读者是与作者平等的对话者，既可以是明确的人，也可能是一种类型，一个群体，作者在写作过程中必须考虑读者知识背景和信息需求，在与读者的交流中完成交际目的。即使有时候没有明确的读者，也需要创造"假设读者"，唯有这样，才能保证交际语境写作的质量。

目的是作者想要达到的写作意图，写作的目的有很多，语境的变换包含着不同的写作目的，这些目的要么是为了与读者分享经验，要么是为了倡导、宣布某些事情，只有清楚分析语境中具体的写作目的，才能有效达成作者与读者的交流，最终让学生明白为什么写作，激发学生写作表达的真实动力。

话题是作者与读者要交流的主要信息，可以是关于某件事、某个时代、某些关键词的话题，但必须要引起读者的注意，是在读者的认知范围内，只有这样才能围绕话题顺利完成写作任务。

文体是人与人之间交流写作的重要表现形式，是由写作主体的表达功能与语言表达风格、结构组织等几个方面形成的类型特征的集合，语文写作教学中最常用的三种教学文体为记叙文、议论文、说明文，但是写作文体的划分有很多种，要根据具体的写作目的、读者身份去选择文体，最终构成完整的语篇作品。

语言是交际语境写作理论中重要的要素，面对读者与写作目的不同就会有产生不同的语言表达方式,这种语言被称为交际语言,不再是只遵从文章写作范式"准确、连贯"的语言,也不盲目灌输修辞手法等语言写作知识,交际语言的核心是尽可能根据作者、读者两种身份的角度传达出真情实感。

(二)交际语境写作理论在任务驱动型作文教学中应用的必要性

任务驱动型作文率先在高考试题中出现,将这种写作类型如何有效落实到日常的写作教学中,并培养学生的写作能力与素养是目前一线写作教学面临的困境之一,"根据具体的语言情境和不同的对象,运用口头和书面语言文明得体地进行表达与交流,"任务驱动型作文包含的任务指令正是交际性的表现,"任务"以意义为主,任务用交际语言来解决问题。借助交际语境写作理论的指导任务驱动型作文教学符合新课标要求。写作理论指导将融合任务驱动型作文具备的内容交际性、任务指令性等特征,发挥任务语境的真实性,从写作主体学生转为作者,根据作者身份与读者身份不同变换,进而保证交际性为主的教学过程,交际语境写作理论突出强调运用写作策略性知识,因此任务驱动型作文教学不应该停留在陈述性知识的传授上,而是调动学生的思维,完成写作知识的策略性运用,从而提升交际写作中的说理能力、交际能力,达成写作交际任务。

1. 发挥任务语境的真实性

任务驱动型作文与新材料作文的不同点有无明确的写作任务指令,根据指令驱动写作,荣维东教授认为目前学生的写作成为在封闭真空中文章制作,写作忽视了基本的互动交际功能,离真实的生活有距离。任务驱动型作文尚未解决虚假写作的问题。尽管任务驱动型作文本身包含真实语境,但学生对任务指令缺乏分析,没有培养读者意识、目的意识等,模糊了此类作文与传统材料类作文的边界,教师缺乏对学生分析写作任务指令的引导。因此交际语境写作理论指导任务驱动型作文教学中,交际语境写作理论中的要素迁移到对写作的任务指令分析,有效发挥任务语境生成语篇的作用,有利于教师引导学生确保对任务语境中作者、读者、目的、文体等要素进行详细的分析，保证任务语境的真实性，写作内容、写作整体风格都会受到真实的任务语境的影响。情境认知理论重视在情境中学习，指出最好的学习方式就是在"情境中的真实任务"中学习，只有真实的任务语境才能有效唤起学生的生活经验和阅历，激发学生的写作动机，解决虚假写作的难题。

任务驱动型作文命题实质上是一种任务设计，基于交际语境的任务设计，教师将交际语境写作理论中的知识融入写作教学中，利用交际语境要素进行任务设计，让学生明白为什么写、写给谁、写作的具体目的，使任务设计更加规范与科学，也使任务语境更加真实。例如交际语境要素中的读者要素就承担着重要作用，读者成为写作活动最重要的启动者、合作者及牵引者。斯皮维提出读者要素在写作中发挥着重要作用，一旦写作者们能预想出读者们已知的、想要知道的和将对他们的思维方式产生影响的东西，这些就会有助于写作。因此以交际语境要素设计写作任务，是贴近学生生活需要，是对写作意义的进一步思考，是改善任务驱动型作文教学的入口，既能让学生通过日常的任务设计熟知这类作文的命题特征，又能在写作审题立意时不偏题、跑题。

2. 保证交际性为主的教学过程

写作教学首要解决的不是"怎么写"的问题，而是"为什么写"的难题，任务驱动型作文写作也面临这种困境，任务驱动型作文在本质上是一种交际写作，符合"写作就是与人交流，与自我对话"的理念，但是笔者从调查现状中发现大多数学生，往往忽略了写作的主体是在完成一场有意义的交流和对话，缺失了交际行为，这导致学生在写作中只顾抒发自我感想。在交际语境写作理论的指导下，从写作是完成交际目的出发探讨学生"为什么写"的问题，帮助学生分清写作主体，始终保持写作主体的交际行为。交际语境写作理论指导有助于教师作为引领者帮助学生正确理解"交际"在任务驱动型作文教学中的意义，交际又称"交流"，指两个或者两个以上的交际者在一定交际语境中进行的关于信息、情感、思想的交互活动。

交际是一种有意识的行为，在写作过程中始终有交际的对象，交际语境写作理论强调作者不再是写作者本身，而是在特定情境中有具体身份的作者，并且要与读者产生交际，这有利于学生根据作者、读者指令的不同，执行写作主体交际行为并达成写作交际目的。另外，该理论在教学论方面强调了教学过程是学生、教师、文本三个主体的互动交流过程，俄罗斯学者季亚琴科认为交流应该是"多个主体间的相互作用，而不是单个人主体单方面的作用或过程"，这为任务驱动型作文教学过程指导创新了思考角度，即写作教学过程视为写作交际过程，在写作教学过程中细化学生对写作的交际认知，保证交际行为的发生，打破传统写作教学模式，

写作教学过程需要师生共同参与并进行充分地交流，在交际语境理论的指导下，任务驱动型作文教学策略中的教学过程，应注重对交际双方的交际目的、角色、言语等有效设计，注重将教学过程阶段化，在每个阶段都要体现师生互动的交流性，学生写作内容的交际性，同时要明确受交际语境写作理论的影响。写作教学不再是只侧重对陈述性知识与程序性知识的传授，还需要创新性地纳入策略性知识，让学生在互动交流中学会运用写作知识。首先教师要创设真实的交际情境，引导学生用头脑风暴法、思维导图等方法确立自己的写作交流的角度，根据任务语境要素审清题意，然后教师与学生互相讨论，根据语境要素的不同讨论运用何种素材，训练语言技能。最后是说理相关的策略性知识，使读者在读完文章后能够明白作者的意思，促使交流达成。整个写作教学过程注重的既不是文章写作范式的中心、格式、结构、体式等教法，也不是过程写作的审题立意、选材等教法，而是在文章范式、过程范式、交际语境写作范式三者的结合下整合重构，这也是优化交际语境写作理论指导下进行任务驱动型作文教学的举措，正如荣维东所说在"清晰、流畅、有效的思想交流"理念下，三种写作范式要整合运用，任务驱动型作文的教学过程设计确定以交际性为主，写作教学中始终照顾到交际语境要素，从而进行有效教学。

3.综合提升学生的写作能力

写作能力是学生的综合素养的体现，是阅读认知、思维发展、言语表达等能力的综合，体现出学生基本的写作水平，写作能力与某种具体的写作活动有联系，写作能力掌握程度不同会对写作活动的运行效率和成果质量产生影响。写作教学一直是语文教学的重要部分，如何培养和提高学生的写作能力是一线教师头疼的难题，尤其是面对陌生的任务驱动型作文更是无处着手教学。

受交际语境写作理论指导的任务驱动型作文教学能够解决如何提升写作能力的问题，该理论倡导"以读者为导向、交流驱动、语境生成"的写作观，重视培养学生的交际能力，自身的写作任务指令符合这种提升交际能力的写作观，强调写作主体的积极主动性，具体写作目的将发挥功能写作的作用，交际能力是一种重要能力，但经常在写作教学中被忽视。从交际学视角看，写作是交际双方在真实语境下的交际活动，写作教学要重视交际能力的培养，教师在课堂教学中依托文本及时安排片段写作强化写作交际能力。此外，写作思维能力应该是写作教学培养的核心能力，根据材料在真实情境中发现问题、解决问题，考查学生的批判思维能力、逻辑思维能力，这些思维能力最终影响学生的写作说理的思维和说理语言。

目前任务驱动型作文教学现状是教师仍然固守传统的静态语言训练模式，缺乏对说理思维的培养。因此，交际语境写作理论指导下的任务驱动型作文教学，一改以往文章写作主要的依赖的静态语言知识训练方法，考虑不同的交际语境去创造新的语篇，受任务语境要素的限制，写作就是发现并分析问题、解决问题的写作思维过程，思维的培养不再停留在陈述性知识上，而是统筹交际语境要素的策略性知识，随时进行自我监控。例如教导学生如何运用因果思维和辩证思维写作知识去完成写作任务，引导学生根据交际语境要素去反复修改语篇作品，最终提升自身的说理能力和写作素养。以往的写作教学评价片面、单一，受高考应试教育"分数至上"的限制，扼杀了学生的创造欲，交际语境要素与任务指令结合的产物，即任务语境要素将为写作教学提供多元化的评价方式，不同的语境要素搭配将有利于激发学生的写作创造性，强化写作创新能力。

第三节 交际语境写作理论在任务驱动型作文教学中的优势

一、交际语境写作的要素优势

交际语境写作要素在国外有三种不同的看法：一是"三要素说"，包括读者、作者和信息；二是"四要素说"，把"三要素说"中的信息要素转换成了主题和目的要素；三是"五要素说"，包括目的、场合、话题、读者和作者。

荣维东教授作为国内交际语境写作理论的集大成者，他认为，交际语境写作的基本要素包括：作者、读者、话题、目的和语言，在这一要素说中，传统的要素概念在交际语境视角下被赋予的崭新内涵。

1. 作者：扮演着对话主体的角色，写作过程中作者所扮演的角色不一定与现实中的角色相一致，但绝不能脱离文章的大背景，写作者可以站在自己的立场上，以自己的真实身份来进行创作，也可扮演了他人（他物），从别人的立场上展开写作活动。当作者写作时，他的身份与口吻，他对读者的感受、对信息和知识的理解共同决定了文体的语气、语体和内容，直接影响写作内容与行为风格。

2. 读者：写作中与自己对话的读者对象。读者可以是日常生活中的人，也可以是作者幻想出的对象。因而优秀的写作者可以根据写作对象的需求与背景情况，恰到好处地安排文章的整体架构、写作材料、语言语气等，作者自身的作品在迎合读者的喜好与文章风格的过程中使内容更加地充实，更加吸引人心、引人入胜。

3. 话题：即写作内容的主题或主旨，在写作前最重要的就是确定一个合适的话题。文章写作的过程就是由这一话题展开，围绕这一具体特定的范围表达自身的想法与情感，引导读者进入自身的话题范围，从而达到交际的目的。

4. 目的：文章所要达到的意图，这些意图可以与特定人、特定事、塑造对象或者作者本身交流，这种指向交际的写作观念在写作活动中具有巨大的应用价值。无论交际对象是否真实，都是写作者内心与外部世界的有意义沟通。所以，在教学中，要使学生了解写作的意义，首先要让他们能够主动地表达自己的意图、感情、思想。

5. 语言：即包括遣词造句、语气语调等交际写作的语言风格。读者的兴趣、背景、理解能力与作者和读者之间的关系都是语言选择的重要参考对象，同时语言也受目的要素和话题要素的影响而产生，在写作中，写作者根据读者的年龄、身份、性格特征、认知心理、接受水平等因素选择和控制语言；根据不同的交际目的、对象决定语体风格。同时，写作者也要注意使用合乎语境和表达意图的语言。

交际语境写作的重点在于掌握以上五个方面的要素以及它们之间的相互影响。在各个写作要素相互影响、相互制约的基础上，实现从语境到语篇的建构，以达到有效的交际功能。正因交际语境要素之间存在着关联性，交际语境写作理论相较于其他要素说的巨大优势也在于这种关联性。

二、交际语境写作的模型建构优势

交际语境写作理论重视交际要素的作用，在写作过程中，通过还原交际要素，激活写作者的表达动机，以此构建一个在交际语境内的模拟对话交流的模型，这种模型可以帮助写作者选择合适的文章结构，并辅以得体的语言，从这个角度来看，这种模式与传统的"写作任务——学生写作——作文评价"写作模式相比更有优越性。

交际语境包括读者、作者、语言、话题、目的五个部分，它们相互影响,从而形成语篇的内容和形式,写作者在进行创作时,必须在一定的语境下与读者进行交流,就像我们在沟通对话时,必须要确定自己的语境,然后说出相应的话,写作还需要反复琢磨写作的语境、潜在的读者、作者在文章中所扮演的人物的话语方式、口吻等,以符合语境的方式传达出讯息。

根据该模式,写作可以分成四个环节:首先,是构思环节,作者以命题素材为依据,通过对所包含的交际语境要素进行分析,确定本文所采用的写作目标、文体、所涉及的主题以及所处的情境,而后学生需要寻找可以使用的语篇意象。学生通过使用"自我提问"的方法,将交际语境要素两两结合来激发自我的认知产生,从而得出自身文章写作的最基本的认知产物(材料)。最后,学生利用这些材料组成语篇意象。这一阶段可以解决写作中"写什么""怎么写"的问题。

其次,是行文环节,作者在完成构思后会将与任务要求相符的认知产物进行"关联性想象",在满足自己的构思的基础上,选取适当的可直接利用的素材,或对素材进行改造、再创造,运用适当的语言表达方式,将其串联成线性结构的语篇。

随后,是修改环节,在这一环节中,语篇产品已经形成,因此作者需要对照最初的构思,检查文章的语言是否符合任务指令的要求,文中是否有需要修正的地方,这一阶段,学生及时对照、修改文章,既能保证文章不会出现"跑题""偏题"等问题,又能"精细化"地修改措辞,使其文字更加准确、得体、完美。

最后,是发布阶段。作者根据自评或互评的建议,将自己的文章进行修改,然后发给广大读者,接受读者的批评与建议,形成语篇交际的循环。

写作过程不是一个单向的任务分析、产品意向、关联想象、赋形示意、修改发布的过程,而是一个往复循环的过程。从这种模式可以看出,写作是一种语境语篇之间相互影响和不断调整的动态过程,与传统的写作模式相比,本模式能够使学生对写作的现状有更清晰的认识,从而有效地克服写作动机缺失、内容不足、写作方法不当等问题。

第四章　交际语境下的写作思维研究

第一节　写作能力发展与思维培养

人类所有的智力活动都与思维有关，写作活动自然也不例外。因此，从事写作教学的人也需要适当知道思维与写作的关系，了解有关思维的知识。

一、思维与语言学习的关系

工业革命以后，智力活动在人类发展中所起的作用越来越大。进入21世纪以后，知识经济使得科技竞争成为主要的国际竞争方式，而科技竞争的主要内容是教育竞争，即人才培养和智力开发。这在某种程度上使得世界的竞争成了思维的竞争。语文在所有学科中地位特殊，被誉为"基础中的基础"。语文学科中思维能力的培养不仅关系到本学科的学习状况，对其他学科的学习也会有重要影响。因此，正确认识思维训练对语文学习的意义，在平常的听说读写活动中适当融入思维训练的内容，对提高语文学科的学习效率，促进其他学科的学习，实现学生的终身发展，都具有重要意义，人们对思维所下的定义不下百种，一般认为，思维是人脑对客观现实的本质和事物内在规律性的概括的、间接的、有目的的反映，它以已有的知识经验为基础，以语言为中介。

　　思维能力培养与语文学习的关系十分密切，这是由语言和思维的特殊关系所决定的。杜威指出，对语言与思维关系的认识，存在三种基本观点，"第一，认为二者是等同的；第二，认为文字是思维的外表和衣服，思维本身并不需要语言，只有当传递思维时，语言才是必要的；第三（这是我们这里所要坚持的观点），认为尽管语言并不是思维，但它对于交流思想，以及对于思维本身来讲却是必需的"。杜威自己是认同第三种看法的。现代语言学进一步确认，在人的智力活动中，语言与思维应该是一体两面的关系，"语言是思维的载体，思维是语言的内容"。语言是思维表达的工具，离开了语言，人的思维表达活动将难以进行；反过来，语言依靠思维才能不断产生各种意义，没有思维，语言就好像是一堆随意存放的字符。当然，这里的语言不仅仅指纯粹的文字和语音，也包括其他具有表意功能的符号。系统功能语言学家韩礼德认为，语言是人类在进化过程中逐渐发展出来的一套社会符号和意义系统。维果斯基指出："思维与语言的关系，不是一件事情，而是一个过程，是从思维到语言和语言到思维的连续往复运动。在这个过程中，思维与语言的关系经历了变化，这些变化本身在功能意义上可以被视作一种发展。思维不仅仅用语言来表达，思维是通过语言才开始产生并存在的。

二、现代语文教育对思维训练的要求

　　语言与思维之间这种密切的依存关系赋予了语文学习一种特殊的育人使命：语文学习在使学生获得语言素养的同时，也发展学生应有的思维能力。"发展思维"放在"丰富语言积累""培养语感""养容"中，有三条涉及思维培养，如第四条具体指出，语文课程应该"在发展语言能力的同时，发展思维能力，学习科学的思想方法，逐步养成实事求是、崇尚真知的科学态度"，第五条要求"激发想象力和创造潜能；在"实施建议"部分，也要求"注重激发学生的好奇心、求知欲,发展学生的思维,培养想象力,开发创造潜能,提高学生发现、分析和解决问题的能力"。

第二节 与写作教学相关的思维概念

人们在讨论思维这一话题时,经常使用一些概念,如逻辑思维、理性、规律等,这些概念本身都有广义和狭义之分,不同语境中它们在表意上有交叉关系。因此,日常交流中甚至在不少学术场合上,人们经常将它们彼此借代或者混用。所以,需要探讨在哪一层面使用概念,例如教学设计和教学实施,本身是说不清楚的内容,会使学生对它产生拒斥心理,从而严重影响学习效果;重则会误导学生,给他们的写作思路和表达带来混乱。因此,要对它们做辨析。

一、容易误解的几组概念

(一)有意思维和无意思维

广义的思维是言语符号或信息在人的大脑里的组织及流动过程。有的流动过程是人的意识能觉察得到甚至是可以控制的,我们把它叫作"有意思维";而不能觉察和控制的思维我们称之为"无意思维"或"下意识";介于两者之间还有一个"灵感"(或"灵感思维""灵感"其实是隐藏了思维意图的信息组织过程。从一般意义上说,思维主要指有意思维,中学学习中能够训练的主要也是有意思维,因为它是相对"看得见摸得着"的。但是,如果因此得出结论——语文学习中的思维训练就是有意思维训练,从学理上看,这一观点仍值得商榷,同时也不符合语文学习的实际情况。依据有如下几点:

1. 母语学习的特点

母语学习很多时候依赖大量"前知识"和情境性信息。比如对"他"这一概念的学习，儿童在牙牙学语之始，会以为"他"仅指代旁边某一个具体的人；后来才明白"他"代表"你""我"之外的所有人；再后来，在认识并书写"他"这个字时，就会联想起以前的经验，从而建构起一个完整的概念。

对这名儿童来说，前面这些经验，对学习"他"就是一种"前知识，而关于"他"的"前知识"往往是在无意中得来的，围绕"他"这一概念认知的思维发展，在很大程度上也是在无意中进行的，这就是母语。当然，这种"前知识"在其他学科学习中也存在，但在母语学习中的作用非常突出。母语学习还有一个显著的特点：儿童对某个词语、某种表达的记忆，往往与他第一次接触这个词语和说法的具体情境一个画面、一则故事、一次经历有关。而某一情境与某一词语的关系，很多是随机发生的，两者之间并没有固定的组合规律，儿童是在无意中记住的。

2. 汉语言文字的特点

汉字是从象形文字发展而来的，汉字及用汉字书写的篇章中，有大量具有形象性、故事性、情感性的信息，在汉语学习及使用过程中，从识字到阅读，从构思到表达，从语感获得到言语运用，人们都会受这些信息的影响，也就是说，汉语学习中的思维活动存在大量没有明确目的、没有既定思维指向，但却可能深刻影响人们的认知和思维建构的活动。

3. 语文学习的基本模式

长期以来，语文学习形成了一种相对固定的模式，这种模式有四个主要的特点。第一，阅读材料以文学作品为主。第二，学习内容不是以具有清晰的逻辑关系的学科知识体系为结构线索，而是以散点式的篇目或主题为结构线索，前后内容之间没有直接明确的支撑关系；培养目的人文性与工具性并重，以感悟建构为主。到目前为止，人类仍然没有完全掌握语感获得的原理，不能清晰地描述其机制，也没有把握控制其学习过程。第三，在语文学习的主要活动——阅读理解中大量使用移情、投射等方式,这些都是适合文学阅读的方式,不太适合用因果逻辑来解释其关系。第四,语文写作中,似乎主要是有意思维在起作用,但在实际写作活动中,会有许多创造性思维的存在,要运用自由联想与想象,许多时候还有灵感的产生。在上述这些思维活动类型中,有意思维只起部分作用。在写作中,冥思苦想不一定有用,而"有心栽花花不开,无心插柳柳成荫"则是常有的事。有些时候,无意思维可以激发灵感,给写作带来更大的价值。

总之,语文活动里的思维类型复杂多样,写作中运用的思维方式并不完全属于有意思维的范围,那么通过写作教学所能促成的,自然也不全是有意思维和逻辑思维了。

(二)形象思维与逻辑思维

在日常话语中,我们经常将形象思维和逻辑思维并举。另外,还可以听到"艺术思维""科学思维"等许多不同的名词,这些名词之间是什么关系呢?

形象思维指主要借助直觉的形象来感知世界、表达主观态度和思想情感的思维方式。逻辑思维指主要借助概念、判断和推理来表征客观世界,表达对世界的理解的思维方式。如直觉思维强调的是认知方式,感性思维强调的是认知态度,形象思维强调的是认知符号,艺术思维强调的是认知功能和目的。

人们也会把逻辑思维称作科学思维、抽象思维、理性思维、分析思维等。这组名词可以视作近义词,但强调的侧重点不一样。如逻辑思维强调认知过程的特点,科学思维强调的是认知功能和目的,抽象思维强调的是认知符号,理性思维强调的是认知态度,分析思维强调的是认知路径和策略。

在生活或某些工作中,人们喜欢把两个相对的概念放在一起对比使用。按一般的习惯,形象思维对抽象思维,直觉思维对逻辑思维,感性思维对理性思维,艺术思维对科学思维,整体思维对分析思维。不过,由于同一类概念内涵相近，使用时有时可以互相替换，较多的情况是将形象思维与逻辑思维相配。

在使用近义词替换时应注意，这些近义替换的表述方式并不十分严谨，比如形象思维与艺术思维只有在艺术话语中才是"全等"关系，在人类学中就不全等，如原始人用形象思维思考安全问题就不属于艺术活动。反过来，艺术活动中自然也不全是形象思维，比如油画中常用的透视法就属于科学思维。有的人写小说、编剧本之前会先做人物性格分析，这用的可能是社会学方法。

在感知世界与表达交流信息时，语言文字具有多重意味和功能。人们既可以将语言文字写成文学作品，艺术地把握世界、传达情感，也可以用它准确地传递对客观世界的研究成果。有学者认为，"根据语文的学科特点，在语文学习的过程中，形象思维是起主要作用的思维类型"，其理由是，"在语文教学中，无论阅读还是写作，其实都是学生通过艺术形象来把握和体验现实的思维活动"。显然，认为语文思维主要是形象思维，并不符合语文学科的性质，毕竟语文教育不等于文学教育。另外，如此定义也容易使语文教育价值过于单一，不利于培养学生的综合素质。

有的学者用"思维"一词来代替逻辑思维，"我们所说的思维，就是指逻辑思维，也叫理论思维"。"思维是人的认识过程的理性阶段，即运用概念、判断和推理来反映客观事物本质和规律的认识过程"。在这里，两位学者都对思维的内涵进行了狭义的理解，即把它完全等同于逻辑思维。在语文学习活动中，如果按照这样的定义设计语文思维教学的内容，无疑将语文思维方式等同于数学、物理等自然学科的思维方式，忽视语文学科的特殊性，这对培养学生全面的思维品质是不利的。

关于形象思维和逻辑思维的关系，还有两种说法很容易引起误解，应加以注意。

1.**形象思维是思维的低级阶段，逻辑思维是思维的高级阶段**

从人类思维产生的时间来看，抽象的逻辑思维要远远晚于形象思维。

但是，正如庞加莱所言，"逻辑是证明的工具，直觉是发现的工具"，不同思维方式的特点和功能不同，但不同思维方式之间并没有绝对的高低之分，"抽象"并不等于"高级"，"形象"也不等于"低级"。否则，可能就会得出"科学思维"高于"艺术思维"的结论，进而再推导出"科学"高于"艺术"的结论，这自然是站不住脚的。事实上，直觉思维在迅速把握事物的特点上也有重大价值。譬如2016年，人工智能机器人"阿尔法围棋"打败了职业棋手，它之所以有如此强大的战斗力，一个重要原因就是其设计思路舍弃试图穷尽围棋所有走法的逻辑思维模式，而部分地借鉴人类选手的思路：用直觉思维来判断大局，用逻辑思维穷尽局部招法，两种思维的优势各自得到彰显。在教学中需要特别注意形象思维和逻辑思维的辩证关系，以免误导学生。

2. 形象思维与逻辑思维是截然对立的

我们经常把形象思维和逻辑思维对举，这有时给人一种错觉，好像它们是截然对立的。其实区分形象思维与逻辑思维的概念，更多的是从研究需要出发的。形象思维与逻辑思维的进化是一种连续的谱线，其差别是相对的、具体的，许多时候很难截然区分；一个人在从事一项智力活动时，会同时启动和运用多种思维方式，且很难将它们彼此剥离开。李泽厚就论证道：艺术创作比如典型形象的创造，就需要进行大量的抽象活动。而逻辑思维结果也往往使用许多形象化表达。语文学习活动也是一样的，在教学中，可做一些具体的思维方法的训练，但不应纠缠某一处写作到底属于什么思维方式。

（三）关于批判性思维

最近几年，批判性思维成为语文学习领域的一个热词，有关批判性思维的写作教学经验介绍也不时见于各种媒体。不过，对批判性思维这一概念的理解要准确才好，如果过分夸大其与一般思维方式的差异，很容易形成认识误区，从而进一步造成思维教学方向的偏差。

容易存在的理解误区有以下几个：

1. 批判性思维是致力于论战、质疑、反驳、否定、斗争的

这是一种较早的对批判性思维的误解,"批判"与"批评"一样,是一个中性的词语,有审视、辨别、理解、分析、质疑、反思等含义。批判性思维主张对思考研究的对象持一种客观立场、理性态度和平等视角,对思考研究过程进行有效控制,同时又把思考主体和思考过程也纳入审视范围。批判性思维其实是一种现代版科学思维。

2. 批判性思维是不同于以往思维方式的一种全新的思维方式

批判性思维是"对一些观点的证据进行评价,从而得出合理结论的反思",它"可以包括演绎推理、归纳推理和日常推理",其主要内容有"区别论据与非论据,确定核心问题,评价证据的性质,根据理论做出预测,提出良好的假设,构成有力的论证"。

中国学者对批判性思维的描述是:(1)抓住中心思想和议题;(2)判断证据的准确性和可靠性;(3)判断推理的质量和逻辑一致性;(4)察觉出那些已经明说或未加明说的偏见、立场、意图、假设及观点;(5)从多种角度考察合理性;(6)在更大的背景下检验适用性;(7)评定事物的价值和意义;(8)预测可能的后果等。

批判性思维的这些内涵,其实与科学思维或理性思维的要求几乎完全重合。准确的理解是,批判性思维是科学思维或理性思维的一部分,科学思维(分析思维、逻辑思维)已经包括了批判性思维的全部含义。批判性思维是与西方科学(分析)思维一起发展出来的,甚至也可以说是科学思维的代名词。20世纪中期以后,西方学者之所以强调批判性思维,主要是由于研究对象日益复杂,许多研究都要基于他人的研究基础,研究者的背景和立场对研究结论的影响等不容忽视,因而要强调思维中的反思成分,以使研究起点更可靠,思考过程更缜密,结论更科学、更经得住考验。因此,批判性思维并不是一种新的思维方式。以科特拉·科特雷尔的批判性论说文内容框架为例:

国内部分学者认为,语文学习活动中引入批判性思维概念,有一个重

要诉求——倡导学习者独立思考,但这与批判性思维的初衷并不一致。独立思考其实是所有思维活动的应有之义,也是思维得以有效展开的前提。不仅是批判性思维,理解性思维活动也必须借助独立思考;在以形象思维为主的文学艺术活动中,独立思考也很重要。笔者认为,青少年正处于思维能力迅猛发展和思维方式快速建构期,中学语文教学中引入批判性思维,主要还在于让学生尽快熟悉成人的思考方式与研究规则,学会客观审视和理性表达,而这两点都是他们比较缺乏的。

二、写作思维的模型和知识谱系

有人说,思维(或意识、智力)的奥秘是人类智能在未知领域没有攻破的最后一个堡垒。如果能对思维活动的知识有相对清晰的了解和描述,就像写作学里原有的"五种表达方式""记叙文的三要素""议论文的三层次(提出问题、分析问题、解决问题)",这样的知识框架虽未必完美却相当管用,教学设计就容易多了。

过去,的确有人尝试描绘出一份思维活动的知识能力构成或概念谱系,比如美国心理学家吉尔福特曾从成果、内容、操作等三个维度试图描绘人的"智力结构",美国心理学家拉塞尔按材料、动机、能力、结果等四个层面描绘人的思维结构,加德纳从语言、数理逻辑、空间能力等维度定义人的多元智能结构,安德森等人按认知目标表征人类的认知识能力,我国心理学家林崇德认为,"思维结构是多侧面、多形态、多水平、多联系"的,应从"思维的目的""思维的过程""思维材料或结果""思维的监控或调节""思维的品质""认知因素与非认知因素"等六个层面理解思维结构。其中思维过程包括"分析和综合""抽象和概括""比较""分类";思维监控主要是元认知,包括定向、控制和调节;思维品质包括"敏捷性、灵活性、深刻性、独创性和批判性"。这些理论能帮助我们从不同角度理解智能的特点或构成,但并不能直接用于指导写作教学中的思维训练,因为无论是思维概念结构图还是写作过程模型，呈现的要么是人类思维活动或写作活动可能涉及的全部领域的知识（如林崇德的思维结构），要么是对应然的写作活动过程的切片，要么是文章已经呈现出来的思维水平（如布鲁姆、安德森及比格斯的认知水平分类），但却都难以描绘一个人在写作中真实的思维活动（即信息流动状态）。对这个过程，章熊曾经有过精彩生动的描绘：在写作中，人的思维"要经历由模糊到清晰、由无序到有序、由整体到局部、由内部语言到外部语言的过程"，"各种信息、符号在大脑中不断地融会、碰撞、解体又重新组合，零星而来的发现都要在此受到检验、连缀、整合、升华，许多念头突然出现又转瞬即逝，紧接着又有许多念头蜂拥而至。这一过程要到最后完篇（有时还要经历反复修改）才结束"。从这些描绘可以推测，一次写作活动不仅可能涉及人类所有的思维类型，而且始终变动不居。

以往的思维知识谱系或写作思维模型不能很好地解释写作中的思维活动，最重要的原因可能是，迄今为止，写作思维的本质规律并没有被我们所认识和掌握。写作思维训练的内容既不是纯粹的思维运作规律，如数学学科、逻辑学所描述的那样，也不是纯客观世界的规律，像物理学、化学学科呈现的那样；既不是纯语言符号的组织规律，像语文学科展示的那样，也不是情感意志的变化规律，像心理学揭示的那样；当然也不是主体和客体的认知关系，像哲学学科、认知学科那样。思维涉及人类所有的智能活动，但又时时显出神秘而不可控制的一面。

认知语言学认为，人类是通过各种认知模型来感知世界的，认知模型具有不可穷尽性、建立网络的倾向性和无处不在性。建立在感知符号基础上的思维活动无疑更复杂。实际上感知符号、概念之间的结构关系既不是并列式，也不是递进式，而是多要素、多关系聚合在一起，形成一个动态的超链接结构。在这个结构中，每一个概念或能力就像网络中的一个窗口，可大可小，有隐有显，似断还连，既独立又聚合，有时是支持关系，有时是抵消甚至冲突关系，一个概念可能是某系统中的一个下位元素，同时又可做该系统的上位背景。而人的主体意识只检测到这个超链接结构的部分状态，对系统的运行方向也只能起到部分检测和控制作用。

第三节　写作教学中思维培养理念差异

在我国，人们很早就对思维与写作的关系有了比较自觉的认识。汉代的王充在《论衡》中就多次说到两者的关系，如"文由胸中出，心以文为表"，"思不至则笔不利"。刘勰的《文心雕龙》中说，"心生而立言，立言而文明"，"意授于思，言授于意"，"情者文之经，辞者理之纬。经正而后纬成，理定而后辞畅"。这里的心、思、理都是思想的意思。

从写作学科教学的角度系统地思考思维和写作的关系的有 20 世纪初致力于现代语文教育探索的夏丏尊、叶圣陶等学者。叶圣陶指出，"作文之形式为文字，其内容实不出思想情感两端。以言思想，则积理必富而为文始佳"。杜威指出，思维教育的真正问题是将自然的思维能力，转化为经受过检验的专业性的思维能力，将偶然出现的好奇心和零散的联想转化为小心谨慎和贯彻始终的探索。因此，写作教学的任务是，"宜令学者随时随地探求事物之精蕴，且必经己之思考而得答案。然后陈事说理自能确切而畅达"。

20 世纪二三十年代，陈望道、夏丏尊、叶圣陶、阮真、朱自清等一批学者直接参与了写作教学活动规律的探讨，他们的努力不同于中国传统的写作教学，而是试图总结写作规律，即不仅告诉学生什么是好作文，怎样才能写成一篇好的作文，而且还试图向人们讲清楚人在写作过程中是怎么思考的。比如夏丏尊提出："一个意念有许多符号，我们在写作或说话中，应该怎样去使用这些符号呢？"他给了两个标准，"选择符号的积极标准是求适合情境。此外还有一个消极标准，就是求意念明确"。这种从写作经验出发又不止于此，而是指导学生运用知识引导写作行为的做法，就有思维训练的成分。可惜的是，由于当时战乱频繁及后来的社会巨变，他们的探索没有得以持续和深入下去，这几乎成了中国语文教学史上一个永远无法弥补的遗憾。

重新将思维训练融入写作教学的探索开始于20世纪80年代初期，其应被看作中国教育改革"三个面向"的一部分。其间有许多语文教师将思维训练纳入写作教学计划，他们有的编写教材，有的搞教学实验，形成了一定的声势。不过，由于写作教学是一个难题，无论在心理机制研究、教学原理探索还是教学实践创新上都没有大的突破，而且在这段时间里，社会变迁带来的思潮波动也时常冲击语文教学。因此，三十多年里，写作教学中的思维训练探索起起伏伏，从整体上看，它们被淹没在形形色色的新教育理论与众多亮眼的口号之中。近几年，中国教育界对外来的新理论、新主张的热度有所下降，培养语文核心素养的说法日渐清晰，类似于思维训练的涉及教育核心问题的价值又重新凸显。纵观改革开放三十多年来国内写作教育的实践，在写作教学的思维培养方面，存在或曾经有几种不同的观念，其主导思想不同，各自的做法也不一样。

一、写作教学的"整体素养"主张

思维虽然是以个体人为主体，由大脑自主进行的心理活动，但是人是社会性动物，其思维活动的起点，思维所运用的符号系统，思维的具体内容，思维的模式，思维活动的结果，都受到外部环境的多重影响。如果外部环境的影响过于强大，外部环境所造成的信息过于单一，处于该信息环境的个体的认知方式及思维品质发展就可能存在局限。写作教学的关键就是打破传统思维的束缚，鼓励独立思考，提升人文素质，通过大量高品质的阅读提高学生的思想境界。有了思想和阅读储备，写作水平的提高就水到渠成。我们不妨把这一主张称为"整体素养"观，其代表人物是复旦大学附属中学的特级教师黄玉峰。黄玉峰老师的语文教学标准就是看学生会不会发现问题，能不能独立思考，敢不敢独抒己见，其核心是独立思考。

他希望学生做到"对积累在脑子里的东西进行开放性的思考",他说:"我平时教作文的宗旨是放开手脚,其中既指放开思想的手脚,也指放开作文形式的手脚。"放开思想以后,如何才能写好呢?黄玉峰老师的主张是学习古人的经验,让学生多读书、多思考、多写作。他反对给学生传授写作秘诀、写作技巧之类的东西,因为"大量地阅读、阅读原著,并且记忆之、运用之,正是学语文最快也是最有效的方法",要"劳于读书,逸于作文","在学与思中,用前人思想的财富陶冶充实自己,让自己成为一个完善的人,最终得到一种生命的幸福感"。

黄玉峰老师的语文教育观和写作教学主张不仅广受社会各界称赞,也得到理论研究者的支持。比较有影响的是福建师范大学的潘新和所主张的"生命存在"论。潘新和把对写作教育乃至语文教育目的的理解上升到了生命存在意义的高度。他认为,当下语文教学的目的应该从"重言语技能训练转向言语动机和人格的养育,从重语文素养的培养转向言语生命本性的养护,从重阅读转向重表现、重写作,发现并关注每一个个体的言语生命的成长,引领语言上的自我实现,促成每一个言语生命的最大发展"。

语文教育价值观自然会影响写作知识观及写作教学主张。潘新和认为,在写作教学中,"观念重于方法,动机重于技能。扬起言语生命的风帆,热爱言说,勇于表现,走近读者,敞开自我,胜于苦心孤诣的'三基'训练"潘新和赞同多读多写的写作教学主张,比如对于想象力的培养,他认为,"想象力的提升,需要以深厚的积累为基础。一个知识渊博、阅历丰富、心灵充盈的人,总是比知识贫乏、经历有限、感情粗糙的人更容易产生新鲜而有价值的想象"。

从写作教学取向看,以多读多写为学习手段,以培养人文素质和综合能力为目的的主张,有时也被称为"人文派"主张。在国内语文教育研究领域,无论是在教育研究的主流话语中,还是在教学第一线的教师中,这一派都获得了很多支持。这是因为它占据三个理论的制高点:第一,从育人本质看,在所有学科中,语文活动与生命活动的关系的确非常密切,语文学习对人文素养的养成，对生活观念的塑造，对生命存在价值的实现，都有巨大的意义；第二，从中国悠久的语文教育史来看，历代文豪硕儒多数是在重思想内容及靠多读多写，和自我感悟的语文学习模式下培养出来的，相反，那种试图提炼写作知识、训练写作技巧的做法，与教八股文一样，被视为不成功的典型；第三，自20世纪80年代中期以后，语文学科与其他学科一样，学习方式深受应试教育之挤压，本应鲜活的语文学习活动被机械、无趣地做卷子所取代，而题海战术与重视知识、强调训练的语文学习规则很难脱离干系。那么让学生回到主要靠自主阅读、自我感悟、自由抒发来提升语文素养的学习方式上去，就成了纠正语文学习走向应试化错误，回归其育人本质的正路。

当然，许多人在写作教学及思维培养方式上主张少讲知识和技巧，让学生通过多读多写而自悟其妙，其中一个重要原因是受语文学习机制，尤其是写作机制方面不可知论的影响。的确，尽管20世纪末以来信息技术和认知科学有了飞速发展，但是，人类对大脑这个堪称人体中最复杂的器官的研究，进展仍然不算大。目前，人类连记忆的原理都没有破解，更不用说怎样生成情感、形成概念、完成推理、做出价值判断、进行创造性联想及相应的语言表达等更高级的思维活动了，而写作活动恰恰就建立在这些高级思维活动之上。既然我们没有掌握思维的原理，对语言与思维的规律知之甚少，就不能据此盲目地指导学生。就拿写作中常见的"想象"活动为例，不少人认为"从某种意义上说，想象的心理机制是无可言喻的。想象力是原生性的才具，是智慧的灵光一现。想象力只可养护，难以培养"正因为"言说不是教会的"，语文教师能做的就是尊重每一名学生的言语动机，努力开发其潜能；陶铸学生的言语人格，使其告别虚伪；引导学生沉潜于读写，在语言实践中培养语感。

"整体素养"主张一方面抓住了语文学习的育人本质，体现了语文教师的使命感，另一方面又切中应试教育的弊端，表达出对语文教育中存在的重考试分数、轻学生素质的现象的担忧，因而往往能引起社会舆论的关注，并常常在每年的高考前后引发一场讨论。不过，上面所述的支撑"整体素养"主张的依据，换一个角度看，又恰恰可以做如何理解"育人教育目的论"。把"培养独立思想、健全人格，实现生命存在价值"列为语文学习的最终目标当然是不错的，但"解放人、培养人、完善人"不仅是一切教育活动的最终目标，还是所有社会活动的最终目标。这一综合的和最终的目标的实现要以众多不同学科的不同能力目标作为保障，由不同的阶段目标逐渐积累去完成。总目标与分目标的关系是，总目标引领分目标，分目标支撑总目标，而不是互相对立和否定。其次，看如何对待传统语文学习的遗产问题。传统的让学生多读多写、水到渠成地获得思考能力和表达能力的语文学习做法培养出了一些富有思想、善于表达的杰出人才，这是毫无疑义的，但是这种学习模式整体上更适合知识总量少、生活节奏慢的农业社会。

如今，随着知识量的剧增，学科门类也越来越多，一个人投入单一学科学习的时间和精力会越来越少，依靠学生自主地多读多写来获得足够的语言和思维经验的前提已经越来越没有保障。因此，对语文学习效率的要求自然会越来越高，这一变化主要是社会生活方式的变迁带来的。再者，怎样理解语言、意识及思维奥秘的不可知与思维教学的可操作性的矛盾也是理解两种观点分歧的关键。的确，人脑是人体中最精妙、最复杂的器官，虽然最先进的脑电化学在探测脑功能方面有许多突破性进展，但到目前为止，科学家对大脑的认识也还停留在不同脑区的功能定位的层面，距离建构起完整的人脑思维工作的模型尚十分遥远。尽管如此，这些研究成果已经足够支持有计划的语言和思维训练会增进大脑神经系统发育、提高大脑在相应领域的思维品质的说法。

从物质层面来说，大脑内有成百上千亿个神经元，每个神经元依靠若干个突触与周围的神经元建立联结，从而传递信号。研究发现，这些神经元的突触并非与生俱来，其数量也不是固定不变的，而是存在大量减少或增加的现象，突触的减少和增加现象会伴随人的一生。一个显著的例子是，在所有听力障碍者的大脑里，某些正常加工听觉信息的皮质会被组织起来加工视觉信息。另一项有名的实验"受打击脑受损训练"也表明，"有效的教学原则能够导致功能的部分或全部恢复，这些研究说明，"具体类型的教学可以修改大脑，使大脑能够选择性地感知输入来完成适应性任务"纵观以往的相关研究，可以得出这样几个结论：第一，学习能改变大脑的物质结构，这些结构的变化改变了大脑的功能组织；第二，大脑部分组织及功能的改变，在一定程度上会影响人的思维方式；第三，有目的学习或指向性清楚的训练会促进大脑物质结构及功能改变这一进程的发生。生活中，有人称赞英语（第二语言）学得好的人，说"他已经开始用英语的思维方式思考问题"，这就是通过有效的学习改变思维方式的例子。

就语文学习中的价值来说，"多读多写"当然也会促成语言与思维能力的发展，但它与遵循规律、重视方法、有目的学习与训练的区别只在于学习的效率而已。对"整体素养"主张最大的挑战也来自社会对语文学习效率的追求。主张多读多写、少做写作方法指导的教师对应试教育的反应最为激烈，但在应试需求迫切的学生、家长及学校的升学压力面前，"整体素养"主张往往处于弱势地位。事实上，几乎没有人真正否认语文教育的最终目的是"培养人"和"成就人"，也不会有人泛泛地反对"多读书、多写作"的写作教学主张。只是，在社会竞争日益加剧、人才培养越来越快的社会环境下，无论是言语能力、人文精神，还是思维能力培养，如果不顾社会大环境对学习效率的要求，只泛泛地号召学生在写作中大胆地表现自己的思想，只要求学生拥有新颖的立意、独特的思考、严密的逻辑性，却不会在教学中具体地教学生怎样表现独特的思想及如何提高思维能力，那么语文学习的许多目的就难以达成。

二、思维训练的"科学化"追求

如果"整体素养"主张代表语文教育中的理想或浪漫主义的话，那么追求"科学化"所代表的就是语文教育中的现实或理性主义。所谓"科学化",就是把写作活动当作一个客观对象去研究,总结经验、摸索规律,然后按照一套"规律"开展教学。20世纪二三十年代,受西方学科思维方式的影响,夏丏尊、叶圣陶等语文教育前辈,开始用科学思维方式对传统语文教学方式进行现代化改造,主要体现在对写作要素的分解和写作过程的细分两个层面,其中在写作要素的分解中产生了"思想训练"的主张。1924年,叶圣陶在《作文论》中将写作内容分为本体、源头、组织、文体、表达(叙述、议论、抒情、描写、修辞)进行阐述。在"源头"这一部分中,他明确指出,写作好的前提是生活充实,而"要使生活向着充实的路,有两个致力的目标,就是训练思想与培养情感"。不过,此时叶圣陶心目中思维的含义,取自胡适所介绍的杜威实证思维,"是要使人有真切的经验来作假设的来源;使人有批评、判断种种假设的能力;使人能造出方法来证明假设的是非真假",它对写作学习的主要价值是使人能更好地考察社会,多获得生活经验。"经验越丰富,则思想进行时假设的来源愈广,批评、判断种种假设的能力愈强,造出方法以证明假设的是非真假也愈有把握。"这说明,20世纪三四十年代人们对思维训练之于写作意义的认识已经相当深刻,即思维训练关乎人们对外在事物的认识能力和判断能力。这就把思维训练的意义定位于认知层面,而不仅仅是单纯的语言表达能力。后来,这种思想在语文教育界得到继承,1962年,张志公指出,要提高学生的写作水平,"怕是要在两方面着力。一方面是训练思想,一方面是训练基本功,而训练思想包括三项内容,"要不断地培养学生观察事物、认识事物、辨别事物的能力;要使学生的思路越来越敏捷活泼;要使学生思考问题越来越有条理"就思维训练这三项具体内容而言,张志公与叶圣陶的思想一脉相承。

20世纪80年代初期,为加快我国的现代化建设,改革落后的教育教学观念,加快现代化建设需要的人才的培养,成为我国教育行业工作的主旋律。出于提高语文教学效率和提升学生素质的双重需要,借助科学的思维方法对学生的写作及思维能力进行专门训练的设想便应运而生。代表人物有章熊、常青、陆继椿等。章熊提出，"我们的教学应该立足于这样一个基本点上：语文教学的基本任务应该是使学生思维清晰，语言准确"，而且"应该把语言与思维的训练放在首位"。针对如何进行思维训练的问题，章熊在《语言和思维的训练》中提出，"语言和思维能力的培养应该有科学的方法"，应该"搞一些分解动作"，"分散矛盾，编制一些有针对性的训练专题和练习"，"把语言、逻辑和一部分修辞学的内容与人的思维过程联系起来考察，把这些学科的研究和青少年的教育、教学活动结合起来，使之具有一定的实践性"章熊对语言与思维训练的认识可以用四个关键词来描述，即独立性、科学性、综合性、实践性。所谓独立性，就是让思维从依附于语文学科的听说读写内容中独立出来，单独作为学习内容，进行专门训练；所谓科学性，就是借鉴科学研究的思路来分析写作中的思维任务；所谓综合性，是指思维虽然可以单独训练，但是必须回到言语实践中，把思维训练与阅读、写作、其他学科学习、整个学校教育与生活实践结合起来；所谓实践性，就是要把语言与思维的设想落实为课程内容和训练步骤，便于教师在教学中具体实施。章熊在写作教学及思维训练科学化方面的探索，抓住了影响写作教学和思维发展的效率问题，尤其值得认真总结。

写作教学及思维训练要走科学化之路，首先需要对写作活动本质和有关思维训练的核心概念有确实的把握，这是设计有效的教学策略的前提。章熊把议论文写作过程理解为"思想材料的序列化"，"我们写作前常常需要排列提纲，提纲的排列，就是使思想材料排列有序，思路才能清晰"，"一切思想材料的排列都不外乎时间、空间和逻辑这三种顺序以及这三种顺序的综合运用"章熊的观点比较准确地抓住了议论文这一文体的本质特征，为教学内容结构化奠定了基础。其次，是对学科内容做学科分解，即把笼统的写作活动分解为若干要素，分别研究不同要素的特点和作用规律，针对不同要素设计分项目标，开展各个击破的教学，让学生一项项地掌握局部的思维方法和写作技能，最后再通过写作实践达成培养学生思维能力和整体写作素养的目的。譬如关于说明文写作思路的认识，章熊认为，在说明的过程中，需要分析和综合两种思维，"一个整体被分解为若干局部，变成了一定数量的细节，这就是分析"，为了"帮助读者了解细节之间的内在联系，我们就要在文章的恰当地方进行归纳、概括和总结，这种归纳、概括和总结就是综合"，而"分析和综合，就构成了说明的基本思维格式和结构形式"。通过训练，学生的这两种思维能力有所提高，整体思维能力和说明文写作能力也就有了保障。

章熊的《语言和思维的训练》第一次试图从思维特点的角度认识说明文等一些文体的内在结构，即思维特征为文章的内在逻辑，格式为文章的外在形式，并试图按此寻找提高思维能力和进行写作训练的科学路径。应该说，在20世纪80年代初，章熊对写作教学就有这样的认识和追求，是难能可贵的。

不过，以今天的眼光来看，《语言和思维的训练》对写作技能和思维活动的区分仍然不够明显，有时合二为一，有时实指写作本身。另外，在呈现方式上，该书采用的是知识短文或知识漫谈的形式，在科学的严谨性与教学的操作性方面都有待提高。总体来看，虽然如章熊所说，当时写作及思维的科学训练"还是一个理想"，"带有某种幻想的成分"，但几位教师的探索已经触及写作教学中思维训练的核心问题。

20世纪80年代中期开始，国内写作教学中思维训练的科学路径探索都以知识框架建构为先导，以规律探索为路径，以定点训练为手段，但在用力方向上略有不同，大体上沿着三个方向展开：一是以整个语文学习活动为研究对象来建构知识体系和学习内容，以语文素养整体提高带动思维品质提高；二是聚焦于写作活动，以写作活动过程中涉及的知识为框架来建构学习内容，使写作水平与思维能力互相促进；三是聚焦于思维活动本身，以思维学科知识为线索建构学习内容，直接促进思维品质的提升。三种做法各具特色，在写作教学探索中各领风骚。

第一种做法以语文学科知识为结构线索，将思维训练融进读写能力培养中。这种做法以陆继椿的"双分教学"思想为代表，"双分"即"分类集中、分阶段训练，20世纪末开始，再像古人那样广种薄收地学语文已经不可能满足人们快节奏、高效率的学习需要。解决这一矛盾的方法之一是学习的科学化，即对语文学科的基本要素进行梳理，寻找这些基本要素与语文教学的关联方式，探讨高效达成语文教育目标的途径。陆继椿认为，要达到这一目的，在教学内容上必须解决两个问题：一个是"质量"的定位，一个是"序"的排列。所谓"质量"，就是一个合格的中学生应该掌握哪些基本的语文元素。从语文教学的任务来看，即哪些东西是必须编进教材，通过课堂教学和适当的训练能让学生掌握的。

所谓"序"，就是学生必须掌握的语文元素之间是什么关系。从教材的呈现和教学顺序来看，就是指这些语文元素哪些先编、先教，哪些后编、后教。

为了解决这两个问题，陆继椿按照语文教学的特点和中学生成长的需要，对初中生的语言能力进行解剖，从中筛选出记叙能力、文言文阅读能力、说明能力、论述能力和文学作品赏析能力等五种类别，共108个知识点，并依托这些知识，安排108个训练点，对学生进行分项训练。上课时，教学设计围绕训练点构思，学习目标集中，学习重点突出，训练的针对性强，学生对相关知识点的学习效率自然就提高了。人们形象地把这种教学模式称为"一课一得，得得相连"的"得得派"，这里的"得"既包含应得的内容，也包含得的过程、方法，以及应得的结果。学生每个阶段解决一类问题，"一课有一得，得得相联系"，日积月累，就能养成中学阶段所需的包括写作能力在内的语文能力。

看得出，"双分"在设计思路上承接夏丏尊、叶圣陶合编的《国文百八课》的思想，其优点是把思维训练与文体阅读方法、表达能力训练结合在一起，其不足是思维训练的重点不够突出。

第二种做法以写作知识为思维训练的结构线索，常青的"百格训练"和刘朏朏出的"三级训练"可为代表。20世纪70年代末，受改革开放大潮的影响，许多教师以极大的热情投入教育改革中，对写作教学的科学之路的探索也热火朝天。早在 20 世纪 50 年代,在部队担任文化教员的常青就用知识和技能分点教学训练战士的"速成写作"能力。20 世纪 80 年代,他把速成写作思路总结为"写作分格法",即"以思路训练为核心",将写作难点按照"入微观察素描能力""析微能力""想象能力""表达能力"分为 100 个能力点,分别进行写作"格式训练",达到"分散难点、各个击破"的目的。这里的"格"不仅是写作知识和"规格",而且是为文"规范"和"规律"。

北京师范大学附属中学的刘朏朏和北京师范大学的高原在以往的写作教学实践中发现,单纯的写作技巧教学对学生写作能力的提高作用十分有限,于是开始把教学重点放在提高学生的思考与分析能力上,并逐步提炼出"三级训练"体系,"三级训练"的理论依据是:"作文能力是认识能力与表达能力辩证统一的一种智力技能。由'物'到'意'再由'意'到'文',是写作活动的主体进行写作的规律。按此规律,构筑一个科学的训练系统,帮助学生完成由'物'到'意'再由'意'到'文'这两种飞跃,是作文教学改革欲达之目标。""三级训练"的内容是"观察训练,分析训练,表达训练",三项内容的关系是"观察是基础,分析是核心,表达是结果"。

"写作分格法"和"三级训练体系"都在写作过程为教学内容的结构线索,都以写作中最为重要的内容——观察、想象、分析、表达为核心要素,分别介绍知识,以范文为例分析这些知识的作用与原理,并提供方法,指出运用的要领,对学生掌握基本的写作能力都有一定的即时性效果。两种训练模式在当时都产生了很大影响。其中,"三级训练体系"先后吸引了全国六千多个教学班参加教改试验,一时成为语文教改中的大观。

两个训练体系在关注写作技能的同时都把思维能力提高作为写作教学的重点,这在国内写作教学科学化体系建构中是比较早的,如果能长期坚持,对学生思维能力乃至分析问题能力的培养,必然会有实际效果。两个训练体系共同的不足是为写作过程提供的引导性支架建设不够。训练的内容框架落实到课堂教学中，过于依赖教师的教学设计和教学执行力。另外，"写作分格法"容易使人联想到技术主义，因而也受到了较多的质疑。

第三种以思维知识为线索建构训练内容，这种做法起于宁鸿彬、章熊、洪宗礼等学者的探索成果。"分格"和"三级训练"的内容均依托于原有的语文知识，重新明确原有内容和组合其关系。比如记叙文、说明文、议论文等文体知识，主题、人物、情节、背景、语言风格等阅读理解知识，审题、选材、结构、表达方式等写作学知识。而按照思维科学的知识体系来建构语文学习内容在当时则是一种新的尝试。

20世纪70年代末，北京第八十中学的宁鸿彬有感于中国学生创造性思维薄弱的现实问题，受美国心理学家吉尔福特的思维理论的启发，选择以创造性思维培养为突破口进行教改实验，帮助学生改进思维方式，提高阅读和创造性思维水平。他的创造性思维训练内容包括"多端性训练""变通性训练""独特性训练"，某一种训练模式中又包含"多样性解答""多答案选择""多角度回答""多样性组词""隐意性表达"等几个训练环节，长期坚持训练，学生的思维品质必然会得到提升。

20世纪80年代初，江苏的洪宗礼、程良方在总结了大量的教学案例后认识到，在学生的语文能力中，"想是一个总开关"，因此，教会学生合理地想、严密地想、辩证地想，是有效地提高学生语文能力的关键。他们采用的课程建设思路是"有机结合，独立设科"。"所谓'有机结合'，就是在语文教学的每个环节都有意识地调动学生'想'的积极性，指导学生'想'的方法，用'想'来带动听说读写训练。所谓'独立设科'就是每周安排固定的课时，开设'思维训练'课，有计划地组织学生进行形象思维、逻辑思维、辩证思维的训练。"

20世纪80年代末以后，写作教学中的"科学化"追求并没有取得人们所预想的效果，思维训练的探索热情也随之慢慢冷却下来。这种情况的出现有多重原因。从客观环境来说，20世纪80年代末开始，语文教育中的应试倾向日益严重，由于应试教育严重背离语文教育的育人初衷，而"科学化"与知识本体论、工具理性主义及标准化评价方式有着千丝万缕的联系，因而处于劣势。在20世纪90年代初语文学科"人文与工具"的大讨论中，"科学化"几乎遭到口诛笔伐，从此陷入沉寂。从"科学化"追求者自身的角度看，探索者们对语文学科特点与自然学科特性的差异认识不足，在借用新教育观念时一哄而上，对思维科学的了解多停留在知识介绍层面，在用思维科学概念解释与语文有关的思维活动时，往往显得比较简单生硬，教学过程落实不佳，这自然导致思维训练教学成效不明显。其实，对于语文学习来说，科学训练之所以有效用，必然是建立在让学生适当地多阅读、多思考、勤写作的基础上。

三、思维训练的细化与深入

如何更深入地了解人的思维特点，将思维知识与具体的写作教学内容联系在一起，是科学的思维训练的努力方向。20世纪90年代中期以后，以思维知识为框架的思维训练才又有了起色。若要使科学的思维训练有成效，必须突破两个关键点：一是思维知识确定的合理性，二是与具体教学内容结合的有机性。程红兵依据思维科学的知识，整理出了人类常见的十种思维模式，即"发散思维""收敛思维""原点思维""多样思维""纵向思维""横向思维""静态思维""动态思维""逆向思维""辩证思维"，并以这十种思维模式作为教学内容，这是第一步；更重要的是，要围绕某一种思维模式设计合理的教学思路，并通过教师的课堂教学，将"运用知识—激发思维"的过程"复现"出来；这是第二步。没有第一步，教学便没有方向和目标；而没有第二步，训练就没有途径的保障，自然也不会有好的效果。以他的"原点思维"训练为例，其教学环节如下：

第一步，借助写作题目，让学生任意想象，发现自己在思维方面存在的局限。

第二步，阅读几个利用创意思维获得成功的案例，引导学生归纳"原点思维"的特点：围绕某一事物，从多个角度探究多种原因、多重影响。

第三步，布置思考题，要求学生尝试运用"原点思维"原理解决构思方面的问题，检验所学原理的作用。

第四步，阅读范文，要求从原点思维的角度评析《你就是你》一文构思的得失，促进对创意思维原理的理解。

第五步，提供几个题目，要求学生自选题目，运用所学"原点思维"的技能进行构思，完成写作任务后进行交流。

看得出，与前面所说的一些教师的思维训练相比，程红兵在教学上又进行了一些完善，最主要的特点有以下两个：一是让思维知识与语文学习内容结合得更紧密；二是让学生在学习过程中学习思维，而不是只向学生介绍关于思维的知识，用他自己的话来说就是"让学生在思维中学会思维"。

对思维学科知识、规律的深入了解，让思维知识与语文内容结合得更紧密，是影响写作思维训练效果的两个关键问题。

第四节　交际语境下写作教学发展思维的要领

到目前为止，人们对思维本质的认识，对语言与思维关系的认识，对写作中的思维活动规律的认识，在很大程度上仍然停留在猜测阶段。那么，人们自然会产生这样一个疑问：既然大家对思维活动的机制认识不清，没有掌握写作活动中思维活动的规律，是不是就不能进行思维开发和写作思维培养方面的教学了呢？答案当然是否定的，这就像我们对文学、绘画、音乐艺术的产生机制和作用原理不甚了解，却依然可以在学校里开展文学艺术教育且成绩斐然一样。

人类传播的知识内容和教育方式，自然是基于当前对某一种事物规律的认识，而不会等到了解透彻以后才开始。同样的道理，在写作中开展思维教学也应该遵循这样的原则，可以依据目前人类既有的关于思维的知识来选择教学内容及设计教学策略。

在现有认识水平的基础上设计思维训练之所以有必要且有价值，至少有三个依据：

首先，大脑在思维方面的经验，不是白板一块，因为人的思维能力不是到了学习写作课才具备的，有的可能从出生就开始培养，有的在牙牙学语时就形成了，而一些无意思维能力，比如对黑暗的恐惧感，对友善表情的直觉，可能来自人类进化的漫长积累。人们有足够的理由认为，学龄儿童的每一种思维能力都不是零起点的，也不是全靠语文学习获得的。因此，写作教学中的思维训练，是在学生原有思维基础上的强调，属于锦上添花。

其次，人类的思维活动具有的类型多样、层级多变、关系复杂的网状连接特点，使得人的思维能力构成一个有机整体，牵一发而动全身。当刺激某一个部位的时候，人体神经系统会通过关联等机制激活其他部位，因而也提升了思维短板的高度，从而带动整体思维品质的提高。这就使得有些思维训练虽然笼统，但却能提升个人在某些方面的思维优势，就像参加跑步锻炼一样，虽然我们不清楚适当的跑步会增强哪些肌肉的功能，但跑步能提高身体的整体健康状况则是无疑的。因此，没有必要担心思维训练会带来太大的偏差。

最后，学校的教育具有普及性和基础性等特点，学校涉及的思维训练也一样，更多的是介绍一些入门知识，进行一些基础性训练，促进学生整体思维品质的发展，并为未来的高级学习打下基础；而不是像广告创意设计、刑事侦查等社会行业那样进行专业的思维训练，也不需要非常精确的知识定位和精准的训练计划。

其实，人类对任何一种事物的认识，包括对物质世界和精神世界开展的各种研究，永远是对该事物内在规律逐渐"逼近"的过程。因此，就学校生写作中的思维训练需要来说，试图洞悉思维奥秘、穷尽思维训练内容的想法，既不切实际，也是没有必要的。需要明确：写作教学不是单纯的语言学习，还应该有思维内容的训练；对于思维能力的提升来说，有意识、有规划的训练与没有规划的思维训练相比，结果是不一样的；合适的训练方法和策略对思维训练效果有显著影响；前人在写作思维训练的认识和实践上做了大量探索，许多经验行之有效。

我们要做的是充分吸取前人的经验，并结合自己所在学校、班级及教师自身的实际情况做出选择。可以考虑的实施策略是依托原有的写作教学框架，围绕语言表达提高这一总体意图，在确定学习目标时适当地向促进学生的思维发展调整，利用人们虽然有限但共识性比较强的思维学科知识，有重点地开展思维训练，并通过具体的教学过程，使学生学会反思，把思维训练学习目标落到实处。

一、教学目标向思维发展调整

写作思维教学的主要难题是教师无法直接介入学生的思维，只能间接地考查学生已经完成的作文这一"思维的外化"形式。"这种外化方式不可能给予我们一份大脑思维的准确复制，但是却可以成为一面模糊的镜子。"如何看待这面镜子，即把作文的表征价值定位在哪里，在很大程度上影响写作教学价值观。一篇作文的意义有这样几层：

第一，作为一篇作文的评分依据。

第二，作为一个学生作文水平的标志。

第三，作为一段时间内学生语文水平的反映。

第四，作为一个人思维活动状态的表征。

虽然笼统地说，写作教学是为了提高学生的书面语言表达能力，但受写作教学理念、执教水平及投入程度等因素的影响，教师对上述意义层面的关注点会有很大差异。关注点在很大程度上将决定教师的写作价值观，并影响其教学行为。当然，在写作教学现实中，采用第一种做法的教师是极少数的，大多数语文教师属于第二和第三种类型，即致力于通过写作教学来提高学生的写作水平。但是对于第四个层面的教学内容，即借助写作教学帮助学生学会如何写作、如何思考——一个词语的选择、一个句式的运用、一种结构的安排、一层论证的展开，到底怎样选择更恰当些，有哪些依据则考虑得不多。而从培养写作思维能力和为学生的写作进步提供持续学习指导的角度看，语文教师的写作教学应该由原来的以提高写作能力为主适当向促进思维模式建构转变。

二、引导学生对写作过程作反思

建构主义教学观认为，反思是使学习者重新思考自己学习经历的过程。学习反思有利于学生整合自己的学习经验，学会主动建构知识，促进思维品质尤其是元认知的发展。反思一词有两种基本含义，"一种指的是'事后再考虑'：某人对某事在事后进行重新考虑或更深思考"，"另一种含义最贴切的特征是'镜式反映'——与该词原始的光学含义相一致：一种将某事反映在学习者自我之中的经验或理解"，"经验被以个人身份的准绳加以评价"。

写作教学由师生两个思维主体共同参与，通常分为"写作（包括修改）和"评阅"两个活动阶段。在第一个阶段，学生的思维与语言表达其实处在一种相互激荡的状态：思维引领语言，语言进一步激发思维，经过选择、生发，最后汇集到输出一端，成为固定的文本。对这段写作过程中思维运动方向的感知，师生两个不同的参与主体——施教者和受教者所感受到的内容和过程并不完全相同。从学生一方来说，很容易感受到由思维内容到表达方式选择到最后成文的过程；从教师一方来说，他不能看到学生的作文怎么一步一步地由思维内容转化为一段段文字，只能够借助学生完成的作文文本这一"思维的外化"形式，去间接地考查学生的思维过程，判断学生的思维状态。这两个思维过程的方向恰恰相反。

学生的思维过程：启动思维活动—选择语言表达—形成文本。

教师的思维过程：阅读学生文本—审视学生的语言表达特征—考查学生的思维活动。

从上面的思维模式来看，学生在写作中比较缺少反思机会。一方面，由于学习任务一波接一波，教师很少要求学生就以前写过的作文进行有质量的反思修改，导致学生对写作的"事后反思"普遍不到位；另一方面，在学生的写作过程中，教师往往"不在场"，教师的评阅与学生写作的过程是分开的，因无暇顾及或能力所限，学生难以在写的过程中对自己的作文形成一种"镜式反映"。因此，反思在写作过程中所占比重及所起的作用都是有限的。

若想提高写作教学成效，促进学生的写作元认知的发展，在写作教学中，教师应设法突破写作教学模式的局限，帮助学生学会反思。可以通过以下两种途径实现：

（一）打通学生写—教师批—师生再修改的写作过程链条

部分语文教师对反思的学习意义认识不足，在写作教学中不太注意运用学生的反思来提高教学效果。在写作教学中，不利于引导学生反思的写作教学表现有：

1. 作文评价时间与写作时间间隔过长，学生对作文印象不深，也失去再审视的兴趣。

2. 给学生作文的评语写得很少，或基本不写评语。

3. 评语过于笼统，没有具体的修改意见和要求。

4. 一次评语给学生指出的问题过多，学生无所适从。

5. 只评阅，不要求学生修改，或修改后没有再评价。

利于学生反思的做法是加强写作与评改的联系，修改要求应明确、具体，并将修改结果纳入评价，让学生习惯对写作行为进行反思。

（二）有意识地将学生的写作时空与教师的教学时空重合

长期以来，写作教学差不多都是这样一种模式：第一个环节，教师布置作文题，介绍写作知识，提出写作要求；第二个环节，学生独立写作，写完交稿;第三个环节,教师独自评阅,给作文打分;第四个环节,教师发作文,做批改总结。四个环节中"学生写"和"教师教"是完全分离的。学生写作中遇到什么困难、存在什么问题,教师只能从作文中捕捉到一星半点,而且也很难给予直接有效的指导,更没有可能让学生思考为什么,怎样才能写得更好。一句话,教师没有给学生反思的机会。要增加学生写作的反思成分,一条可行的途径就是让教师直接参与学生的写作过程,正面考查学生的写作状态,适时引导学生反思,帮助学生自主总结写作经验。

比如"叙述一个曲折的故事",教师可以通过"三顾茅庐"这个一波三折的故事,让学生发现使故事变得曲折的关键是事情在推进过程中发生转向——与预期的方向不同,甚至相反,使事情发生转向的因素有"障 碍""与原来不同的努力""误会""意外"等,再让学生根据这些要素审视自己的构思,修改自己的故事情节,撰写写作反思日志。

当然,更持久有效的做法是在阅读教学等教学活动中适当穿插介绍知识,激发学生的兴趣,并对反思活动的开展提出一些具体要求,通过长期学习,使学生学会反思。比如让学生参与评价修改活动,写学习小结,做分析类思维游戏,给学生做有关写作反思的专题指导等,使学生养成及时反思学习经历的习惯。

三、将思维训练融入日常教学

提高思维品质是所有学科教育共同承担的任务。对语文学科而言,听、说、读、写都有各自的职责。因此,在写作教学中融入思维训练内容,首先要解决教学目标问题,包括明确用力方向和确定教学内容,然后才能选择合适的教学策略。

思维训练是一个很大的话题,涉及的内容庞杂,教学设计头绪繁多。仅仅从知识类型来说,思维训练的内容至少包括如下几大类:

第一,认知活动知识,如理解、记忆、分析、评价、综合运用等不同层级的认知活动的相关知识。

第二，语文学科知识，如词法、句法、修辞、表现手法、篇章结构、语言风格等。

第三，写作知识，如审题、构思、选材、立意、修改，以及不同文体的特点、读者对象知识等。

第四，思维知识，如形式逻辑、辩证逻辑、创造逻辑等。

第五，哲学知识，如主体与客体、物质与意识、形式与内容、现象与本质、个体与群体、理想与现实、自由与约束等。

这些内容在写作中都可能遇到，思考这些对提升思维品质都有帮助。但是，在写作教学中想要面面俱到，不要说写作课，就是专门开一门课程也无法做到。如何解决思维内容庞杂与课程时间有限的矛盾呢？教师不妨采取这样的办法：

(一) 在写作序列中穿插思维训练内容

其实，在绝大多数语文教材尤其是写作教材里，都会有一些与思维训练有关的内容，有的会介绍一些逻辑学知识，有的会提一些思考建议，有的含有思维内容，这些都可以作为思维训练的材料。在专门为写作编写的教材中，思维训练的内容不仅会单列出来，要求也往往会更突出。在平时的写作甚至阅读教学中适当加入一些思维训练内容，会对学生思维的开发起到一定的示范作用。

(二) 利用一定的思维知识促进策略学习

如上文所列，与思维教学有关的知识涵盖几大领域。而且这些概念往往比较抽象，概念之间的区分细微，仅仅了解它们的大意就要花大量时间和精力。因此，如果处理不好，写作教学很容易变成思维知识记忆比拼，不仅教师的教学会很吃力，还容易引起学生的排斥，甚至反感。因此，写作教学活动中的思维训练，在知识利用上要注意化简，不必求全。有的知识可重点学习，有的则点到为止，还有一些可让学生自己去领会，即通过对思维知识的有限利用，达到提高思维能力的目的。

可根据学生在写作中反映出来的普遍问题，有选择地介绍知识，有重点地训练学生某一方面的思维能力，切忌对学生进行概念轰炸。比如，"如何把一件事写好"是写记叙文的关键，在记叙文教学中，可以让学生围绕具体的一件事思考"哪些信息需要介绍""怎样的介绍顺序让人读起来更有意思"，再让学生用思考的结论指导自己的写作。这种训练看上去是对叙事策略技巧的运用，但背后却是思维训练。再比如，高中生写议论文难免要涉及一些概念，而高中生习作中概念关系紊乱的情况是比较常见的。写作教学中就可以聚焦这一问题，引导学生运用概念间应有的逻辑关系检查自己的作文，注意思维的严密性，进而提高论证能力。

为什么有限的知识利用和有限的思维训练能起到整体提升写作水平与思维能力的作用呢？正如前文所说，在母语环境下成长起来的学生，其大脑语言中枢里的语言能力和思维能力都不是一块"白板"，而是有许多"前语言"存在。维果斯基认为，母语写作教学的要旨是通过写作教学活动，帮助学生建立符号语言与前语言的联系。而关键问题的解决，往往能带动整体写作水平和思维能力的提升，从而实现利用"有限知识"。

另外，还可以充分利用其他课程的思维资源来帮助学生学习语文。比如上文所列的"主体与客体""物质与意识""量变与质变"等很多哲学命题，都是思想政治课里要求掌握的基本原理。在写作教学中，教师应该主动了解其他课程中一些有价值的内容，并有意识地把它们引到思维训练甚至整个语文学科学习中，这样既可以减轻学生的学习负担，又利于提高教学效果。

四、注意不同文体思维方式的差异

逻辑是人类思维活动的基本规律，也是作者表达思想和读者理解文章的路径。吕叔湘、朱德熙指出，"要把我们的意思正确地表达出来，第一件事情是要讲逻辑"。如果表达不合逻辑，双方就难以实现正常交流。因此，写作思维训练的核心自然是使学生的表达尽量符合逻辑。

一提到"逻辑",可能有人立刻会联想到"判断""推理""分析""综合"等逻辑思维中的一连串概念。不过,"逻辑"的含义并不相同,"逻辑思维"中的"逻辑"一词相当于"推理";"文章要讲逻辑"中的"逻辑"一词,指的是一类文章在思路方面的特点或"思维规则",也就是构成一类文章的各种元素、材料的关联方式。"思维是将各种具体事物引起的各种具体联想加以排列,联结到一起。"文体类型和表达方式不同,写作该类文体所用的主要思维方式也会不同。

不同思维方式,由于训练内容不同,衡量标准也不一致。比如,杜威认为,应该从三个方面来衡量联想水平的高低,这三个方面是"联想的快慢""联想的宽窄""联想的深浅"。依托一种文体重点训练一种思维方式,并使学生在某一点上有所收获,会使思维训练变得简明而且容易操作。关于形象思维的价值和思维训练内容,有两种说法可能会引起误解。一种说法是"低年段主要应训练形象思维,高年段主要训练逻辑思维"。从学生思维发展的普遍现象来看,这种说法是成立的。因为无论是语文课程标准的阐述和语文教材的内容编写,还是教师的语文教学实践,都存在低年段注重形象思维内容而高年段注重逻辑思维内容的情况。

从学生的心智发展规律来说,年龄越大逻辑思维能力越强,但从这只能得出"高年段更适合开展逻辑思维训练"这一命题,而"高年段不适合开展形象思维训练"并不成立。对一个思维能力健全的人来说,两种模式一个都不能少,因此,形象思维能力在任何年龄段都需要提高。另一种说法是"形象思维是思维的低级阶段,逻辑思维是思维的高级阶段。逻辑思维的价值高于形象思维的价值"。

从产生的先后时间来看,人类思维活动中的确是先有形象思维而后有逻辑思维。逻辑思维能力是由形象思维抽象、发展而来的,但在价值上两者并不存在高低之别。实际情况是,形象思维与逻辑思维是人类的两种基本认知方式。一般来说,形象思维不确定性强,具有感性、模糊、整体等特点；逻辑思维则确定性强，具有理性、明晰、具体等特点。形象思维与逻辑思维有各自的运动规律和运用价值，没有绝对的可比性。比如白居易用"梨花一支春带雨"形容杨贵妃娇弱凄婉的面容，在教学时，无论把这一句具体解释成"梨花上沾满春雨滴""梨花满带春意，带着雨露""梨花绽放在春雨里"，还是"春天带来雨水，使梨花盛开"，都没有不做具体解释，只让学凭直觉去默默感受由梨花、春天、雨等形象组成的意象。这正是由形象思维的不确定性、律动性、朦胧性等特点所决定的。培养形象思维，不能要求学生违背形象思维的规律。

形象思维不仅适用于从事文学艺术创作，很多科学家都谈到，许多时候科学灵感源于感性思维。因此，无论是培养学生的写作能力还是发展其均衡的素质，形象思维和逻辑思维的训练都很重要。

五、用过程化教学保证训练的实效

思维训练和其他内容的学习一样，如果只是教师在观念上重视，教学中只有知识介绍，而不能将观念落实到具体的教学过程中，其效果就无法得到保证。因此，从教学设计到教学实施，教师要考虑如何适当介入学生的写作过程，及时发现学生写作中可能遇到的问题，比如词语的选择、句式的调整、立意的确定等，进行过程诊断并针对这些问题给予写作方法指导。通过写作方法的指导引导学生思考背后的原理，促进学生的元认知建构，从而提升学生的思维品质。

思维是人类区别于动物的有意识的智能活动。思维能力开发是一篇很大的文章，它不仅是所有学习活动力图达成的共同目标，也是一个生命体一生的发展任务。写作教学是语文学习的主要内容，语文学习是中学学科体系的重要构成部分。写作教学中的思维训练的原则和主要价值是什么？在写作教学中开展思维训练的原则是从思维的角度去考察写作活动，从写作活动入手培养思维品质。从思维角度看写作，可使我们站在语言发展与思维发展同步的高度，看待人的表达活动和写作活动，使我们摆脱写作教学只是单纯的语言技能训练的局限，从而在教学中将语言、表达、思维及整个身心发展联系起来。语言是思维的符号，从写作入手培养思维能力，可使思维训练区别于抽象的、单纯的思维游戏，让思维训练依托语言活动，让思维能力建构具有实在意义。

在人的思维规律没有得到破译的情况下，试图明确地制订出一份思维框架注定是吃力不讨好的。但从效率需要出发，思维教学又必须依靠一定的知识框架，有一定的内容规范性。在协调其中的矛盾上，不少语文教师的思维训练探索给我们很多启示，他们的基本做法是利用有限的思维学科的知识，以常见的文体类型写作为思维训练抓手，从共识性比较高的内容开始，不过于追求知识体系的完备和内容框架的合理。抓住几个有学习价值且对学生写作能力和思维发展影响较大的点大胆尝试，如果利用有限的写作教学课就能使学生某方面的思维品质（如想象力、类比能力、批判性思维能力）有所提高，那已经是成功的了，至于不同思维能力整合的任务，完全可以交由大脑去完成。

模块二　实践篇

第五章　交际语境理论下作文教学策略与路径

第一节　交际语境写作：写作教学的发展方向

一、解决"老大难"的新思路

作文教学，在我国向来是个"老大难"。一提到作文，学生们一不愿意写，二没内容写，三不会写。教师呢？一害怕教，二没法教，于是不去教。

面对写作教学的这些问题：我们多从"教学法"方面寻路径。于是各式各样的作文教学方法、流派、名号层出不穷，可最终问题依旧。原因何在呢？

著名教育学者张志公先生在谈到写作教学为什么这么难时曾说，"我想这也许跟对待作文这件事有些不对头的看法有关系。不大对头的看法必将导致教学中不合适的做法。"在这里"不对头的看法"：应包括写作观、写作知识和理论等。中国写作教学的问题从根本上是写作观错误、写作理论僵化、写作知识陈旧所致。卡尔·波普尔说："人类历史的进程受人类知识增长的强烈影响"。写作教学的困境很可能源于其理论知识的陈旧、落后甚至错误状况。

纵观中外写作教学理论的发展经历了三种范式转换：即从20世纪60

年代之前的"文章写作",到六七十年代开始的"过程写作",再到当今发展酝酿着的"交际语境写作"。正如物理学由牛顿力学到爱因斯坦时空观,再到当今的量子力学一步步走向深入一样,写作教学的三种范式,体现了人类对写作认知的一步步深化。可惜的是,目前我国的写作教学理论仍停留在"文章写作"阶段,裹足不前。

二、写作教学的三种范式概述

(一)文章写作

"作文"最通常的含义就是"写文章"。从我国古代的"八股文",到欧美 20 世纪 60 年代前的母语写作,以及目前我国的作文教学,其实质都是建立在这种观念之上的。

这种写作观认为,作文是积字成词,积词成句,积句成段,积段成篇,语言综合训练。于是采用语言学和文章学知识教写作。它关注"写的结果":衡量标准主要看"写成的那篇文章是否字词正确、文从句顺、结构完整、主题正确":其核心知识是中心、材料、结构、表达等。这些关于"文章写作"的知识和概念规则,并不能帮助学生学会写作。因为,写作是一种需要极强的动机、情感、意志参与的复杂的技能性活动。

"文章写作"体现着人们对写作的直观认知;其实质是一种指令性、物本的、被动的文本制作。这种着眼于"写的结果"的教法,似乎简单实在。可是这种结果取向的写作,由于难于调动学生的兴趣动机,又不涉及写的过程指导,对教写作并没多大效果,有时甚至是负效的。

(二)过程写作

自 20 世纪 60 年代以来,随着认知心理学的发展,写作教学理论发生重大变革。一些心理学家,从信息加工的角度,认为写作是信息摄取、储存、加工、转换、输出的过程,是作者的思维活动和问题解决过程。这个时期,弗劳尔和海斯等人相继提出一些写作模型。在此基础上;欧美发起一场声势浩大的"过程写作运动"。"写作即过程"的理念开始深入人心,并进入西方诸国的课程标准、教材、课堂之中。

"过程写作"由关注"写作结果"转向关注"写作过程",由关注"写作产品"到关注"写作主体":由关注"外在结果"到关注写作者的"思维过程":是写作范式的重大转换。

"过程写作"给写作教学提供了一个根据"作者的活动",而不是根据"最后的产品"教写作的途径。写作变成一种"可教可学的步骤和程序"。可是,"过程写作"仍不能从根本上解决作者对写作活动目的、功能、意义的体认与感知,仍属于脱离具体语境和现实需要的写作。写作者的欲望动机仍难以真正调动起来;仍不能根本解决"为什么写"的问题。

怎么办?一种崭新思路出现了:这就是以读者为中心、以交流为目的、重视语境生成功能的写作,我们称之为——"交际语境写作"。

(三) 交际语境写作

"写作即交流"的理念,源于上世纪70年代以来兴起的语用学。语用学认为:语言学习的核心不是语符和语义,而是其语用功能。语言学习的目的不在于语言符号和意义的机械识记,而在于通过语境学言语,获得真实的语言运用能力。同时,随着社会发展,人的语言交际能力愈加重要。于是:一个关注语言实际运用能力,强调在具体交际活动中学语言的"交际写作法"出现了。

"交际写作"与当今的交往哲学、建构主义、功能语言学、语用学、社会认知理论、情景认知、交际学、传播学等多学科理论是一致的。它们认为:写作是作者与读者之间运用背景知识,基于交际目的,针对具体语境而进行的意义建构和交流活动。基于交际写作观,"读者"不再仅仅是文章的被动接受者,而是与作者一起进行交流的积极对话者、意义建构者、文章合作者;作者不再仅仅是信息的发出者,而是一场对话交流的组织者和协调者了作品"不再仅仅是,写的结果而是持续具有交流和传播价值的文本。

交际写作是一种读者导向、交流驱动、语境生成的写作。在这种写作观支配下，作者因为有了直接或潜在的对象，有了交际语境要素的参与，就可以选择并创生写作内容和表达形式。写作的内容、素材、体裁、结构、语言等，因着这个"交际语境"不断孕育生成。这样的写作，对作者来说，是真实的、具体的、有动力、有意义的。这样的写作需要学生基于真实（具体）的语境：运用真实的语言能力去完成，当然他们获得的也是真实的写作技能。

上面我们简要介绍了从"文章写作"到"过程写作"，再到"交际语境写作"的写作教学理论发展演变轨迹。如果说文章写作主要关注写成的文章"是什么"样子的；过程写作主要关注这样的文章是"怎么写"出来的；而交际写作则重点关注这篇文章"为何写""为谁写""写了有什么用"等更深层次的问题。在这种写作理论下，写作的种种深层次问题，诸如写作动机、内容缺失、文体语体、语言表达等，都有望得到很好的阐释，并找到新的解决路子。

三、国内外交际语境写作发展回顾

我国对写作交际功能的关注由来已久。《尚书·尧典》中有"赋诗言志""神人以和"的说法。孔子重视写作的社会教化功能。两汉强调写作要"上以风化下""下以风刺上"互动作用。杨雄视辞赋为"雕虫小技"，司马迁"发奋著述"，班固"缘事而发"，王充的"文为世用"，白居易"文章合为时而著，歌诗合为事而作"等都显示了这种传统。在现代，朱自清强调写作的"读者意识"，叶圣陶强调作文是"有所为的"。夏丏尊曾系统论述"文章的六种态度"即：为什么要做这文？（目的）；文中所要述的是什么？（话题）；谁在做这文？（作者）；在什么地方做这文？（环境或场合）；在什么时候做这文？（时代观念）；怎样做这文？（方法）。二十世纪八九十年代我国写作学勃兴。林可夫提出的"四体化一律"将写作主体、客体、受体、载体（即人格、题材、读者、成品）进行系统研究影响后来一批写作。金长民的写作运思学，陈国安的写作主体、表达、文体研究；马正平的写作动力、文化、分形、思维研究；董小玉的写作原理、文体、教学研究；潘新和的写作理论史研究均创造了那个时代写作学的最高成就。近十年间不少学者如李海林、潘新和、李乾明、蔡伟、林一平、魏小娜、胡根林、郑桂华等强调写作的读者意识、文体意识、目的意识、语体意识、过程写作以及真实写作都从某个侧面体现出对写作的交际语境要素予以研究关注。

欧美向来重视写作的交际语境功能。亚里士多德在《雄辩术》中提到交际活动是听话人、说话人、信息内容和形式的交互过程。国外重视写作的修辞语境要素主要包括"三要素说"（读者、作者、信息），"四要素说"（题目、目的、读者、作者），"五要素说"（目的、读者、话题、场合、作者）三种。

四、"重表达"与"重交流"：中外写作课程目标的差异

1. "重表达"：我国写作课程目标取向

我国传统的作文向来"重表达、轻交流"。过去教学大纲强调"能文从字顺地表述自己的意思"；现在的课程标准强调"有创意的表达"，都有着明显的"表达主义"的取向。其实质是"文章写作"观。虽然目前的课标中有"与他人分享习作的快乐"（第二学段），"懂得写作是为了自我表达和与人交流"（第三学段）；"写作时考虑不同的目的和对象"（第四学段）等交际写作理念。但与国外课标相比，内容少且过于笼统。长期以来，我们以追求"立意高、选材精、结构篇、语言美"为写作目标；注重文章的制作技艺和表达技巧，忽视写作的交际技能和学生语言交际能力培养。

2. "重交流"：国外写作课程目标取向

国外写作教育有着比较明显的"重交流"的取向。从写作目的和社会

需要出发：培养学生语言交际能力是其母语课程的一贯思想。

美国1996年颁布的《国家英语语言艺术课程标准》是如此，美国各州市学区写作课程目标中也是如此。马萨诸塞州作文标准中提到"为不同目的和读者写作。"奥尼尔市的英语语言艺术课程"以发展学生的实际交际能力为教学目的。"南卡罗来纳州2007在其《语言艺术标准》要求学生"为读者而写，"强调"学生必须经常写并为不同的目的写"。在美国，交际能力被看作核心语文能力，贯穿于各学段的课程标准。

英国也比较重视写作的交际功能。教育和科学部颁发的《英语：5—16岁》文件中对学生写作的要求是，为多种目的而写作；针对写作目的用适当的方式去组织内容；针对写作目的和预期读者采用合适的文章样式。2007年新修订的第三学段母语课程标准中提到"作品要和任务目的协调并能引导读者""语言风格要和读者、目的、形式统一起来"等。

澳大利亚维多利亚州标准中英语课程目标要求学生"了解语言随语境、目的、对象、内容而产生变化，并运用这种知识""了解不同的文本需要不同的语言类型。并运用这种知识，尤其是在写作中。"德国母语教学的基本原则是"以语言交际为方向和目标的"。为了有效地培养学生的交际能力，德国教学界还提出了交际能力的两个标准：一是"交际—实用化"，二为"交际—标准规范化"。

"重表达"与"重交际"作为两种截然不同的写作观，其背后的教育、语言及哲学基础和价值意蕴都是不同的。二者一个注重培养内向人格，一个偏重培养外向人格；一个偏于个体情感表达，一个偏于交流社会经验；一个基于静态语言学，一个基于功能语言学；一个使用结果教学法，一个运用交际教学法。

五、作文：写作本质探寻

学校写作（作文）的目的是什么？这是思考写作教学问题的逻辑起点。

因写作目标不同：其写作理论、知识、模式也就不同。

写作教育显然不应该是"为了应付考试"，写作教学的主要目的应该是"学生的真实生活应用与生命成长本身"。

作文应该成为一种"真实世界里的写作"。写作应该是一种自我情感的表达以及与世界、他人沟通的方式，是孩子的"另一张嘴巴"，是学生的"书面言说"。作文教学应该模拟或还原成现实生活中各式各样、功能各异、目的不同的写的活动。作文不应该是一种令人头疼的作业形式，不应该是为老师完成500字左右的作业，它应该是具体语境下的表达交流，是一场场别具魅力的交流与对话。

任何一次写作行为都可以看作是一场特定语境下的对话交流。这个语境包括话题、读者、目的、文体等。语境决定并塑造了语篇，正是因为读者、目的、话题不同：写作的内容和形式才变得千变万化无以穷尽。写文章也是向某（些）个对象进行的一场倾诉或交流，发出信息是为了得到回应，写文章是为了与人交流思想情感。实用文大都有明确读者的，文学作品也是有潜在的读者群的。如果没有了对象和目的，任何写作都将变得毫无意义。就是秘不示人的日记也有一个特殊读者——就是自己。写作的困苦是写作的无目的、无对象，没法揣摩清楚读者的状况和需求。写作的困难主要不是"没得写、不会写"，而是我们写的时候不知道向谁说（写），为什么目的写（说）。这就是古人说的"欲取鸣琴弹、恨无知音赏"道理以及"对牛弹琴""鸡同鸭讲"的含义。

比如这样的题目《我难忘的（人、事、活动、物）》

我们都不止一次地写过，一代又一代的学生还在写。我们为什么要写它？我为什么要向别人说这样一个话题，目的何在？说不清楚搞不明白，只是没由头地布置这样一个任务让你去写，而你又不得不写。写作本来像说话一样，是一种面对对象的自由言说。可如果一旦没有对象、目的，便没有了启动言说的基本动力，成为一桩被逼言说的苦差事和没头没脑的呓语。

为何多数人讨厌作文，却喜欢发短信、网络聊天，或者诸如此类交流活动。二者一个显著区别就在于后者具有鲜明真实的交流功能和机制。当作文只剩下被动地完成老师或考官交给的任务，这样枯燥、功利的目的，写作丰富的交际功能没了，作文也就死了。作文，只有在找到它的具体语境之后，言说才可以奇迹般地复活。

在真实世界中写，为了真实的学习工作需要去写，像生活中真实的人那样去写，才是作文的本真状态。作文教学应该在一种真实或者拟真环境中运用语言文字表达和与人交流的社会活动，而不是没由头地写篇文章。所以叶老说一切写作"都是有所为的"。

"写作即交流"才是学校写作本质。营造具体真实或拟真的写作任务场景，教学生自由的表达与交流，才是写作教学的主要目的。

六、交际语境写作是我国写作教学理论的发展方向

综上所述，所谓"交际语境写作"是指为达成特定交际目的，针对某个话题、面向明确或潜在的读者进行的意义建构和交流活动。这种写作一定要针对特定的读者、环境、为实现特定的言语目的，基于生活、工作、学习、心灵的需要才行。比如下面的例子：

第一，为到费城旅游的旅客制作一张旅游指南。集中表现富兰克林的成就，并包含一些有关历史古迹的照片。

第二，向一位没有见过你的房间的同学描述你的房间。你的描写应该包含足够的细节，这样同学们读你的文章时，才能知道你的兴趣、爱好和追求。事实上"屋如其人"。读这篇文章的人会了解到你这个人。你的作文会张贴在教室里供大家阅读。

上述写作题目对象明确、目的清楚、文体清晰、功能具体，是典型的基于交际语境的写作题目。题目中看似有诸多限制，但这些既是限制更是重要的写作资源，是写作动机、内容和表达的产生的来源和依据。

"交际语境写作"对解决写作教学中存在着的"不愿写、没得写、不会

写"等问题，具有重要的理论和实际意义。

它能赋予写作活动充分而具体真实的言语动机：有效解决"学生不愿写"的问题。语境要素如话题、读者、目的的交互作用就是最重要的动机源泉。

它能有效解决写作过程中的思维和内容创造问题，有效解决"没得写"的问题。因为语境要素之间的对话过程就是内容的生成过程。我们总是针对读者需要提供他所需要的信息：并对他（她）进行对话交流。这种对话交流过程就是写作内容、材料产生的过程。

它可以有效解决"怎么表达"的问题。因为只有符合具体语境的表达才是、得体的。这就可以克服滥用文采的虚假表达现象。

它对"生活写作""跨课程写作""探究写作""创造写作""基于内容的写作"具有理论指导意义。因为这些写作都是在具体交际语境中的写作。

它可以解决困扰我们的应试写作问题。在命题时，只要加入具体的交际语境条件的限制，就可以克服"假话作文""文艺腔作文""小文人语篇"等作文教学的问题。

总之，基于交际语境的写作有利于培养学生真实多样的语言运用能力和交流技能。这种写作教学要尽可能还原或营造真实、具体的语境，倡导在"真实世界中写作""在真实学习中写作""在具体的应用中写作"。它无疑是培养真实写作能力和语言交际能力的唯一正确途径。"交际语境写作"所需要和所培养的正是当代全球化、信息化、联通化时代工作生活学习所必需的传播交流技能。基于此，我们说，"交际语境写作"是解决我国写作教学问题的科学理论，是我国写作教育理论与实践的发展方向。

第二节　交际语境理论下任务驱动型作文教学策略

任务语境要素是在交际语境写作理论指导下，结合任务驱动型作文的各项任务指令而生成的写作核心要素,是基于写作任务设计、真实情境导向的要素,任务驱动型作文教学受交际语境写作理论指导,其教学策略包含理念的转变,分析并运用任务语境要素,创新教学方法,丰富交际性为主的教学内容,最终评价任务写作的完成效果,解决当下写作教学的困境。

一、理念先行,深化写作教学认知

(一)从写作本质出发

教师对写作教学有畏难情绪,一味地遵从写作表达技巧、展示范文、总结性评语的教学模式,其原因在于没有认识到写作本质,写作的交际性被忽视。"运用语言文字进行书面表达和交流的重要方式,"这肯定了写作是一种交流方式,从写作即交流、表达的角度提出了写作教学要求,要求教师引导学生"能凭借语感和对语言运用规律的把握,根据具体的语言情境和不同的对象,运用口头和书面语言文明得体地进行表达与交流,"世界写作理念由"文章写作"转为"过程写作"到"交际语境写作",已经完成三次写作理念转型,20世纪70年代的功能语言学派注重语言的交际功能而非语言结构,提出"写作即交流"理念,这是交际语境写作理论形成的基础,许多学者借助功能语言学的视角掀起了写作理念的转型,主要表现为写作即交流、交际的认识,包含交际双方的身份、交际的目的等要素,因此理论指导下的任务驱动型作文教学不再是静态的写作,而是一种情境写作,不再是一种静态语言训练模式,而是在动态的交际语言中生成写作内容。

任务驱动型作文作为交际写作的呈现形式,其写作实质是在真实情境中交际,而传统的写作理念注重语言美、结构巧,注重写作的结果,教师受传统的写作理念影响,容易忽视对任务语境要素的分析,教学策略侧重写作表达技巧和陈述性知识,教师应该在交际语境写作理论指导下,转变写作教学理念,把握写作的本质。

（二）从新课标要求与学情出发

任务驱动型写作受交际语境写作理论的指导，首先要明确这是一种交际写作，新课标指出："写作是运用语言文字进行书面表达和交流的重要方式"。为保证交际写作的情境性、交际性，新课标对写作教学提出了要求，创设"真实的语用情境"，"提升学生的思维品质"，语文实践活动情境包括个人体验情境和社会生活情境、学科认知情境，任务驱动型作文具有情境性，从个人、社会、学科三个维度进行情境任务设计，新课标还明确了语文学科核心素养的四个方面，写作教学承担着重要的培育功能，尤其是语言建构与运用方面根据任务语境要素的不同，写作对象、写作目的的调整，交流的语言有所变化。任务驱动型作文教学不能只看到学生的写作结果，还要重视学生的写作过程，让学生使用元认知策略，运用交际语言，调动思维，达到审美的和谐与文化的认同，最终完成交际目的。

学生的写作情况是教师教学的出发点，学生面临的写作任务所需要的态度、知识、技能与学生现有的态度、知识、技能、经验之间的落差，这就要求任务驱动型作文教学要照顾到学生现有的经验与写作任务需要的经验的落差，其中写作任务包含写作的话题、目的、对象、文体等方面，因此，教师要考察任务语境要素分析与运用的写作情况，落实新课标对写作教学的要求以及学生的实际写作情况，从传统的文章写作范式中脱离出来，确立一种探究性、交际性、情境性的写作观。

二、借助导图，运用任务语境要素

任务驱动型作文材料包含着明确的任务指令，教师首先要让学生写作读懂材料，分清具体的指令要求，任务指令构建了一个交际语境，要想解决写作中的任务，就不能缺少对交际语境要素的分析，交际语境写作理论包含真实的或拟真的言语交际语境，其交际语境写作要素为任务驱动型作文创设任务情境提供了指导方向，教师主要从写作对象、写作角色、写作目的、写作话题、写作文体五个方面创设任务情境，充分关注学生"为什么写"的写作问题，帮助学生明确写作意图，达成写作意愿，完成最终的写作任务，不能忽视依托该理论的任务语境要素的作用，任务语境要素是写作教学设计的关键，是写作教学的出发点，任务语境要素要具备真实性、交际性、思辨性等创设倾向，才能保证学生写作行为的真实性及教师实施有效的写作教学。

（一）创设任务语境要素

1. 任务语境要素要具备真实性

"写作是写作主体重构和创造的过程，是一个不断理解、建构的过程，这一过程的真实远比内容的真实更本质。"我国传统写作追求的是成品的真实，重视写作内容的"真实"或"虚假"，受传统语言观的影响，形成了"摹写客观真实"的写作观，将语言当作一种被动反映现实的工具，让学生一味模仿，局限在"怎么写"的写作技巧教学，传统写作追求情感的真实，偏重感性思维方式，忽视理性思维方式，不利于培养学生的逻辑性思维。西南大学学者魏小娜指出传统写作的真实指向的是过去的、被动反映已有生活积累的、关注摹写客观和张扬的主观情感的写作手段何为写作的"真实"，基于情境认知理论的视角，写作包含的真实是写作的真实情境，情境分为三类，分别是日常文化实践情境、物理情境和自然生活情境，日常文化实践情境是保证任务语境要素真实的主要途径，两者有相似的要求，都追求对象和材料的真实、真实的问题。

任务语境要素的真实性主要体现在各要素是来自或模拟的真实生活，需要调动学生复杂的思维活动，聚焦写作任务。任务语境要素作为任务驱动型作文的核心指令，保证任务语境要素的真实性，也就能保证学生写行为的真实性，创设真实的任务语境要素符合学生实际的生活需要，引发学生关注并思考现实生活，教会学生解决真实的问题。

2. 任务语境要素要具备交际性

写作是在一定语境下，针对特定的或潜在的读者，围绕某个话题，达成某种目的表达的书面交际行为，写作交际是写作者和读者共同熟悉的认知语境，是作者与读者的一场对话，是一个调动思维、情感、话语交流的过程，依靠语境构建语篇来达成交际行为。因此任务语境要素的创设应具备交际性，只有交际双方的角色围绕熟知的认知语境才能达成交际目的，构成交际行为。

如荣维东设计的"穿睡衣上街"写作课例，创设了交际性的任务语境要素，要求写作者作为一名世博义务宣传员，围绕市政府的倡议写一篇劝说性文章，或者是写作者借以赞成穿睡衣上街的市民身份，写一封抗辩信，两项任务都需要双方的交流才能达成交际目的，写作话题也涉及双方的态度和立场。

陈家尧老师设计的"关于变更就寝时间的建议书"课例展现了交际性的语境，以学生的身份给学校领导提供建议，建议书的文体更凸显出交际双方的关系和立场，文体方面的严格规范本身就是一种交际行为。除了在命题方面体现任务语境要素交际性，这堂写作教学还设计了交际性互动评价，保证了任务语境要素的交际性落实情况。

任务驱动型作文主要呈现一则或多则写作材料，提供多个交际目的供写作者选择，最终围绕一个交际目的深入写作，因此教师创设的任务语境要素应具备交际性，从交际目的出发指向交际双方各自的立场与态度，强化学生的写作交际能力。

3.任务语境要素要具备思辨性

学生的思维能力提升需要创设思辨性的任务语境要素，而创设思辨性的任务语境要素，必然需要学生具有更高水平的思维能力，两者相辅相成。第一，提供多角度的任务语境要素，这符合新课标在关于学业水平考试与高考命题提出的要求：设计典型任务，在复杂情境、多种角度、开放空间中展示富有创造性个性化学习成果。多种角度就意味着创设的任务语境要素有相关性、多样性，不同要素的组合搭配能触发学生的发散性思维、逻辑思维。

第二，创设具有批判性的任务语境要素，这一点主要体现为话题要素的争议性，学生针对矛盾性、争议性的话题进行识别、判断、分析，写作内容建立在批判其他角度，选择最为拿手的角度写作。

综合以上的分析，从真实性、交际性、思辨性创设任务语境要素。以任务语境要素为核心，把握写作命题要点，将有利于引导写作教学一开始就走向正确的方向，为后续写作教学的开展奠定基础。

（二）分析任务语境要素

写作角色、读者、目的、文体是四个主要的任务语境要素，四要素紧密联系，互相影响，写作任务设计上离不开对这四个要素的考虑，学生必须去思考任务语境要素在材料中的情况，才能达成交际写作，解决写作任务，但是在写作教学中强调重点分析任务语境要素，并不是完全否定写作技巧的传授，而是平衡两者的关系，根据学生的写作学习情况有所调整。教师为学生传授分析任务语境要素的策略性知识，或者是科学易量化的方法，如思维导图法，综合任务语境要素，给学生提供写作方向上的指导。

1. 确定写作角色与读者

"写作角色即你在文中扮演的角色，你以什么年龄、经验、性别、身份、角色来说话、表达，以专家、学生、学者、经历者、朋友、法官、记者、商人、推销者，还是其他的身份说话，这决定你文章的语气、语体、文章的内容以及呈现方式的特征。"写作的角色根据写作的目的和写作对象的不同会有所变化。教师可以适当增加角色扮演活动，学生能有充分的自由选择写作角色，在这个角色所带来的信息中加注自己的情感。明确了写作者的身份就要考虑交谈时读者的感受，更好地构建自己的交流内容，有时写作角色与自我的身份是重叠的。

接受美学理论指出写作是一种对话过程，在这个对话过程中，作者将向隐在读者传达信息或表达情感。读者是写作中不可抹去的存在，具备读者意识是高级的、写作能力的体现，夏丏尊认为好的文字需令人有所感动，其一不要忘记有读者；其二需努力以求适合读者的心情。学生写作就要考虑读者的性质、背景，作者与读者的关系，写作作文的动机，朱自清也强调明确读者对写作的帮助，"写作练习是为了应用，其实就是为了应用于这种种假想的读者，写作练习可以没有教师，可不能没有假想的读者由此可知这些大师们对读者意识的重视，读者意识可以提供学生写作的方向感，能够让作者有倾吐意识，并影响文章语言、文体。教师在写作教学中可以尝试为学生分清重要读者，避免以"评卷老师"为读者的现象发生。

王荣生教授将写作中的读者分为三种类型：他人读者、作者读者、文化读者，荣维东老师的写作任务设计课例也照顾到学生的读者意识培养。撰写200—300字关于"圣女果"的网页介绍资料。对象、语言和内容自定。目的是让人方便快捷获取圣女果的相关知识。比如可以是向学生介绍圣女果的一般知识；可以是向农民推销圣女果的种植技术；也可以是向公众介绍圣女果的食用和养生价值。

这份写作任务有三类读者对象，分别是：学生、农民、公众，三类读者的人生背景与心理需求各不相同，学生选取不同读者会对写作实际内容产生重要影响，不再是漫无目的地写作让写作过程难度降低，写作步骤变得具体可实施。

2. 明确写作目的与文体

写作是写作者与读者有共同的交际目的产生的需要，写作目的是写作者要达到的总体意图，写作目的完成是衡量学生是否完成写作任务的标准之一，明确写作目的地能够强化学生的写作动机，消除师生唯分数论的观念，任务驱动型作文可以从类型入手确定写作目的，根据完成任务过程中所产生的相互影响，把任务分成五类：拼板式任务、信息差写作任务、解决问题式写作任务、决定式写作任务和交换意见式写作任务等，其中交换意见式写作任务、决定式写作任务、解决问题式写作任务三种类型对应近几年的考查趋势。如在众多不同意见的基础上讨论一种意见，将这一种深化并运用逻辑思维层层挖掘，这就是交换意见式写作任务，解决问题式写作任务的写作目的多样，考查学生对问题的分析解决能力，这些任务类型的写作目的主要考验学生能否使用写作过程监控策略，达到言之有理并最终解决问题。除了根据写作类型明确写作目的，教师还可以在课堂教学中不断尝试提问甚至追问，让学生逐渐养成写作前对写作目的的明确。

文体的多样性给了学生写作的自由，但是从实际的写作现状看，文体作为语言组合的外在表现形式，应重视文体的交际功能，教师应根据任务语境的不同，训练学生采用不同的文体写作，尤其是将真实生活与文体风格连接。如果是以劝说为主导的任务类型，在作者与读者互相保持的场景中，以书信体的方式更易拉近两人的距离。因此在创设任务情境时给学生提供多种文体的写作，给学生宽敞的写作空间，从文体层面上满足学生的交际需求，但是多种文体的提供并不是让学生漫无目的滥用文体，而是为了更真实地根据任务指令中的文体驱动进行写作。

思维导图法是一种基于图式理论与信息加工理论基础上的教学方法，重视可视化的思维呈现过程，这种方法采用了结构化的放射性思考模式，将新知识用清晰的图形支架形式融入熟悉的知识体系中，是培养学生创造性思维能力的有效途径，在任务驱动型作文教学中运用思维导图法，分析主要的任务语境要素，有效提高学生解决问题的能力，在多项任务中分清影响写作任务完成的主要因素，有利于帮助学生生成个性化的语篇作品。

三、交际导向，变化写作教学方法

任务驱动型作文是一种交际写作，受交际目的导向影响，写作教学方法必然也要根据交际性为主的写作教学过程而有所变化，摒弃传统讲授法的缺点，运用任务教学法和交际情境法等多种教学方法为学生创设真实情境，完成交际任务，更好地培养学生的写作能力。

（一）任务教学法

任务教学法又称为"任务语言教学法"或"任务驱动教学法"，是国外研究者基于语言习得理论基础上发展起来的新型教学方法，国内研究者主要将这种方法运用在外语教学领域，也有研究者逐渐将这种教学方法运用在语文教学领域中，这是一个好的开端，因为任务教学法强调任务的完成和执行、强调对真实生活世界的回归、强调高层次思维运用，这种教学方法与交际语语境写作理论倡导的真实写作、交际写作理念不谋而合。

任务教学法以交际写作为导向，分解任务类型，训练学生的言语交际技能，在具体的写作教学中实施任务教学法应注意几个要点，首先，写作教学目标必须明确。教学目标关系到每次写作教学要达到的效果，相当于任务实施开始前的环节，教学目标要尽量简洁、真实，符合学生的交际性需求，其次，在写作教学过程中，运用任务教学法设计有梯度的任务，任务分层级设计将有助于学生挑战写作难度，不至于因难度过高或过于轻松而丢失了写作的兴趣，教师及时提供学习支持，在实施任务教学法时要给学生提供学习支架，因为任务教学法倡导教师的引导性作用，在实施过程中就不能忽略教师提供的学习支持，最后，检验任务教学法实施的写作教学效果，落实写作教学目标。

（二）交际情境教学法

交际情境教学法融合了交际教学法与情境教学法的特点，交际情境教学法强调在真实或拟真的情境下培养学生的交际能力，提高学生语言运用的水平，交际情境教学法能够打破传统写作教学以讲授法为主的僵局，倡导为学生搭建真实情境，学生能够主动建构写作内容，凸显学生的主体地位，具体运用交际情境教学法应注意几个要点，首先，交际过程应该情境化，在追求交际性为主的教学过程时，不能忽略真实情境，教师尝试用角色表演法、情境对话法帮助学生代入情境中，学生顺利完成写作交际行为。其次，情境化的创设要以实现交际目的为宗旨，学生在真实的情境中完成交际目的，才能最大化训练学生的言语表达技能，否则即使有情境化的任务，没有指向交际目的，学生的写作就成了自说自话。最后，交际情境教学法运用在课文读写结合中应该设计多样化的活动，使学生不仅仅依托课文的情境，还能够从课文迁移到生活情境中，根据不同情境的反复练习，最终提升学生的交际能力。

如林昭敏的"建议信写作教学设计"课例，运用了交际情境教学方法辅助写作教学。先是呈现一个建议信，建议信内容与学生的假期作业有关，是学生们熟知的情境，然后学生根据任务语境要素互相讨论，以小组合作的形式讨论如何在真实情境中达成交际行为。这个教学课例运用了交际情境教学法，帮助学生理解写作者与读者之间的对话关系，帮助学生顺利完成写作。

四、依托文本，明确写作教学内容

"语篇"是能够独立完成交际任务的言语单位，"语篇"在书面层面表现为篇章，是为了完成交际而写出来的文章，强调读和写在真实语言情境中的交际和应用，语文统编教材中有许多待开发的语篇，教师依托教材开发写作教学内容时注意以"语篇"为核心优化以往的记叙文、议论文、说明文三大文体知识，依托语文教材贯穿五个语篇丰富任务驱动型作文教学内容，每个语篇应涉及话题、目的、对象等任务语境要素，这五个语篇是对三大文体知识的丰富，分别为学习性语篇、研究性语篇、实用性语篇、思辨性语篇、文学性语篇。在写作教学中整合这些语篇类型，凭借高中语文教材的写作单元与课文，设计基于真实情境的交际性任务，在写作实践活动中提升学生的写作能力。

（一）活用写作单元，安排交际性任务

温儒敏教授表示语文统编教材中的单元学习任务是设计整个单元教学的依据，写作教学离不开单元学习任务这个重要抓手，这些单元学习任务是写作教学开发的重要资源，挖掘具体的写作任务变为一个个写作单元。

（二）活用课文，丰富交际性任务

语文教材中的课文是写作教学的优质文本资源，有着具体的文本情境，而这种文本情境有利于创设交际性任务，是写作教学开发教学内容的重要资源，文本情境包含两个方面的内容，一是文本所涉及的时代背景、社会

环境、人物形象、写作意图等；二是完成任务时所需要理解的文本的内容、结构、写法、风格等。

从创设课文情境出发，设置实践活动等环节供学生练习写作。单元写作任务与本单元的课文关系密切，因此运用读写结合的方法使学生从课文熟悉的情境到完成任务写作，选择什么样的课文指导写作也有讲究，教师不能随意选文进行写作训练。王荣生教授认为学生无法理解一篇课文的原因之一是生活经验及百科知识不足，从学生的真实情况选择课文构建真实的语境，只有选择贴近学生生活实际需要且比较经典的"例文"，学生才能在真实的言语实践活动中构成语篇成品。然后，选择蕴含较多写作思维知识的课文，思维的训练能够帮助学生完成交际性任务，从经典名家的文章学习说理语言与说理思维方式，如《师说》先是界定了何为"师"，再阐述了"师"的重要性，说明"从师而学的道理"，说理步骤层层递进。《庖丁解牛》行文脉络十分清晰，先是讲述解牛的技巧再过渡到解牛之道，最后引出文章主旨"养生之道"，优秀的论说文包含的逻辑思维值得学习，采用读写结合的方式防止学生只停留在课堂的热闹谈论中，引导学生从现象中总结本质，让学生综合同一个事物的两面或不同事物的多面性进行说理。

优秀课文展现的思维方式始终围绕着写作立场、写作目的、写作话题等要素展开写作，学习这些优秀课文后组织学生开展辩论，明确不同的听众身份，站在不同的立场上讨论与社会时事密切结合的话题，将会有助于学生提升思辨能力与交际能力，培养学生审美素养及文化认同感，是对交际性写作任务的丰富。

五、关注主体，丰富教学评价方式

（一）丰富评价手段，关注语境要素

写作评价手段是写作教学目标与内容落实的检测方法，任务驱动型作文有其交际性、情境性等特点，其写作教学评价手段要保证交际方完成交

际目的，围绕核心的视角解决了问题。根据交际语境写作理论的开发与应用，"6+1要素"写作方法运用有效性较强，而写作任务检查清单也能保证评价手段的科学性和有效性。

1. 利用"6+1要素"评价量表

"6+1要素"是美国的一种作文课程形态，其评价指标体系有科学量化标准，评定一份优秀作文需要基本符合六个特征，分别是观念和内容、组织、口吻、措辞、流畅、惯例等，之后在具体的写作教学中又增添了"呈现"要素，"6+1要素"的运用方法主要是细分和归类，将每个特征细分为二级、三级指标，这种评价手段重视学生写作的真实意图与思想，写作思想内容较为自由，贴近任务驱动型作文对学生基本技能与基本素养的考察，也符合交际语境写作理论中对交际要素的重视。

"6+1要素"是写作教学评价较为有效的一种手段，将会帮助师生鉴别文章的优劣程度，在此基础上得到修改，在任务驱动型作文教学中，"观念和内容"指作者要表达的主要观点，二级指标是主题是否集中，重点信息是否表达完整，是否吸引读者，细节是否准确合理并支持主题等，"组织"是文章的结构，任务驱动型作文也要考虑结构是否呈现了主题和内容，常用的写作结构有对比、分析、归纳等，二级指标是文章呈现什么顺序，开头与结尾是否吸引读者等。"口吻"是写作呈现的风格、语气等，二级指标是文章的风格是否符合文体要求，文章是否呈现出写作者的个性与感情等，"措辞"是语言的选择要能够打动读者，优秀的措辞能呈现出写作画面，其二级指标设定为用词是否符合写作者身份，是否吸引读者兴趣，用词是否准确、简洁等，"流畅"是第五个评价要素，指句子的流畅度，是在措辞的基础上的进一步要求，二级指标是文章句子是否通顺、完整等，"惯例"指文章的规范和要求，二级指标是文章分段是否合理，有无书写错误等，"呈现"是要给他人看，要考虑呈现的对象、场合、排版、书面整洁等，其二级指标是文章呈现的分段、页面是否恰当，是否便于读者阅读等。

教师根据写作教学需要针对每一样要素进行具体练习与评价，各要素指标环环相扣，逐渐深入，为教师和学生提供了较大的操作空间，实用性较强，结合任务驱动型作文的特点利用"6+1要素"评价量表，科学评价学生的写作情况，检测写作教学效果。

"6+1要素"评价量表并不局限在交际语境写作范式的框架中，从评价要素的具体内容可知，评价量表结合了文章写作范式和过程写作范式的优势，考查了文章的结构与内容呈现，重视写作技能的培养，淡化了传统文章写作评价"思想至上"的弊病，有助于学生从伪写作转为真实写作，其次，"6+1要素"评价量表呈现清晰的层级指标，操作性较强，教师先找一篇写作范文对照要素指标示范，讲解每项指标的侧重点，然后指导学生运用提问法不断检测自己的文章，不断强化这七个评价要素，还能调动学生自主研发新的评价要素量表，优化写作教学评价效果。

2. 制定写作任务检查清单

任务驱动型作文的语境复杂多变，不同的语境对应着不同的任务，学生是否完成主要的写作任务将影响写作成果及学生素养的提升，教师考虑到任务语境要素，针对性地制定写作任务检查清单，帮助学生自测写作要素的落实，作为写作评价的基本手段，有助于学生对作文的修改与优化。荣维东丰富了交际语境写作理论，提供了根据每次写作任务中不同读者身份和不同的写作目的及文章主题等要素设计的任务检查清单，这些写作任务检查清单主要以问题的形式呈现以便学生有针对性地评估与检查，周子房、叶黎明、荣维东等人研发具体课例，在课例中增加了写作任务检查清单，便于有效实施写作教学评价。

(二) 鼓励读者评价，增加互动反馈

德国的交际教学论流派将教学过程视为教师和学生之间的交往过程，交往需要多个主体之间相互作用，不是单个主体单方面的作用或过程，教师在教学中就是不同学生主体之间的交流互动过程，任务驱动型作文教学不应该仅仅呈现固定的作者到作品的完成，而是作者到读者到作品的多种主体的完成，因此在写作教学评价方面，评价主体不应该局限在单个主体上，而是将主体多样化，从读者的角度丰富评价主体，帮助学生从不同视角检验写作任务完成的整体效果，作文评价改革的趋势之一是越来越强调评价的诊断性功能，从传统的等级与甄选为主的评价转向以目标达到为主的评价任务驱动型作文从本质上讲是一种为特定读者、特定目的服务的写作，读者的身份并不唯一，利用多变的读者身份，丰富写作评价主体，教师为鼓励读者评价，增加写作效果反馈，可以为学生提供学习支持，制定作者—读者互评单。

根据任务写作要素中最核心的作者与读者要素将评价主体划分为三个层次，分别是以作者身份为主的参与、以读者身份为主的参与、自我评价，首先以作者身份为主的参与，包含学生互为评价主体，以小组互评、同桌互评的方式，学生在写作交际语境中选择的作者身份各有不同，可以与选择不同"作者"身份的同学交流，丰富写作的角度。其次是以读者身份为主的参与包含师生共评、家长评价等，教师对学生写作的总结性评语效果并不显著，师生、家长共同参与扮演读者进行评价更为有效。这种活动形式有利于师生及时在交际情境中产生对话，教师与学生自主充当作者与读者角色，能够获得更为真实的反馈。教师在灵动的课堂活动中及时给予学生写作评价，适当地将家长作为写作评价的主体之一，家庭教育是学生成长的第一步，并影响人的终生，写作的话题从生活中来，又升华了生活，家长能够监督学生内在的价值判断，帮助学生塑造正确的三观，教会学生用写作触摸真实的生活，最后学生的自我评价占有重要的位置，学生依据评价标准进行自我评价，站在读者身份视角审视写作任务完成度，在此基础上不断修改，提高自身的写作能力。

第三节　交际语境写作理论贯穿写作任务探究活动

任务探究活动是使学生更好地完成任务驱动写作的必要条件，而在写作任务中提取交际语境要素，是保证"不偏题"和"不离题"的关键。在这一阶段，教师要让学生具备探究写作任务的意识、良好的写作习惯、正确写作态度和运用交际语境写作的能力。

一、学生与材料对话，确定任务的交际要求

对于任务驱动型作文而言，其最显著的特征就是具有"写作任务"。当学生错误理解或者无法理解任务设计的意图，即使在接下来的写作中，将交际语境写作的宗旨贯彻得很好，因为"源头"产生偏差，单凭对交际要素的熟练掌握是不可能解决"偏题"和"离题"的问题。

因此，在教学过程中，要使学生对任务驱动型作文的题目有更准确地认识，在任务探索过程中，教师要培养学生与题目中材料、指令对话的能力，使学生能够抓住、抓准题目中材料、指令的交际要求和要素，在明确了自己的写作任务之后，学生可以更好地构思文章和预设写作所要达到的交际要求。在明确了写作目的和交际要素以后，学生可以从宏观上对语篇进行构想，并对文体、写作材料、表达方式等做出微观选择。

在对材料进行分析时，首先要询问自身的角色定位，提取题目指令中的角色要素，接下来，依次询问材料中的写作对象、话题、目的等，在确定好这些要素后，便可以决定写作所要使用的语言要素。

二、分析交际要素，确定写作语境

首先，教师要指导学生对作者要素进行分析和提炼。在交际语境写作中作者不仅仅是写文章的人，同时也是这个情境中所要求需要扮演的角色。因此，在教学中教师应加强对学生进行"角色意识"的培养，使其从自身的角度来了解他人的立场，其次，教师要指导学生对题目的读者要素进行界定，在写作教学中，教师可以设置三个视角来加深学生的读者意识，即：

从"作者"与"读者"的社会关系、"读者对问题的理解程度""读者对问题的看法"三个层面来"解读"。让学生在写作时，尽量考虑清楚材料中有哪些明确或潜在的读者，并考虑读者的心理需求和知识背景，再次，教师要指导学生明确任务材料的目的要素，在教学过程中，教师要有针对性地培养学生以沟通为中心的写作意识，并以此为依据，确定所需要的交际语言和写作视角。最后，选择学生自己所熟知的话题。在试题和任务的限制下，教师要鼓励学生自由地选择自己感兴趣的话题，不要因为简单、容易被评分的老师所喜爱而去挑选自己不感兴趣的题目，只有兴趣才能激起学生的交际热情。

"材料的涌现""意义的生成"和"语篇的赋形"都受到交际语境要素的选择、互动作用，由言语活动的交际机制触发，真实具体的交际目的、真实具体的对象（读者）、真实具体的交际活动，才是最重要的潜在的写作动机资源。因此，让学生了解交际语境写作模式的运作过程，并在此基础上有效地应用该模式，才是使学生产生写作动机的原动力。

在实际教学中，老师还可以引导学生把所提取的要素内容罗列出来，然后用这些要素一一对自己进行提问：我在文章中的角色定位是什么？我在文章中的写作对象是谁？我写文章的交际目的是什么？我写文章需要采用怎样的文体与语言？确定自己喜欢的写作话题是什么？这些问题的设置可以引导学生分析写作的情景同时，不遗漏交际语境要素，在学生确定每个问题的答案之后，文章的构思阶段就结束了，并且教师不仅能在交际语境写作中，锻炼学生们分析情景、提取交际要素的能力，也可以渗透至日常的课程中。

三、教师自主命题，进行任务研究与交际的训练

"成功的写作教学命题需要关注学生真实的生活，关注真实生活本身。"好的作文题命题既可以激发学生的表达欲望，也能让他们有写作的空间。

恰当的交际语境可以激发学生的学习兴趣和表现力，使学生正确地理解和运用语言，从而提高学生的语言运用能力，从而达到交际的目的。同时，在命题的素材中，选取学生所熟知的情境，可以让学生更直观地体会到语言的实际意义，并能调动他们交流的积极性。所以，老师们不能仅仅依赖于高考的作文题和市场上的普通作文题，而是要根据学生的实际情况，根据学生的生活和学习需要，进行写作任务探究训练。老师要将命题和学生的生活联系在一起，例如，让他们写自荐信、邀请函、履历，或者用他们熟悉的资料。

以笔者设计的作文题目为例：

在《长津湖》中，吴京所扮演的男主角说过这样一句台词："我们把该打的仗都打了，我们的后辈就不用打了"，这凝聚了先辈们的心声的话，无数人为之赞同，并表达出要学习前辈先苦自己，后甜他人行为的意愿。但也有部分观众表示，在"内卷""佛系""躺平"等字眼流行的今天，这种精神已经过时，不符合我们现代社会的追求，针对以上两种不同态度的观点你怎么看？请你写一篇演讲稿，并在下周一的晨会向全校师生进行演讲。

这个作文题目的材料来自学校统一发放的作文积累素材，也是当时的社会热点，因此这个题目对于学生而言是十分熟悉的，也很受他们的欢迎，晨会演讲的形式也与学生们的日常生活息息相关，而对于高中阶段的学生来说，他们对交际写作这一概念的理解尚不够深刻，对任务驱动型作文的理解也相对较少，所以，可以限定学生先从单一角度立意，比如从"无数人为之赞同，并表达出要学习前辈先苦自己，后甜他人行为的意愿。"这一角度出发，从单一的视角出发，可以减少学生分析题目的负担，把分析的重点放在对任务探究步骤的规范上，从而帮助学生更快地了解如何进行交际任务的训练。同时也可以在之后的写作评价过程中，让学生进行头脑风暴，分析其他立意的角度。

第四节　交际语境写作理论融入写作教学活动的方法

一、多媒介导入，创设交际语境

课堂导入是一节课的开端，在导入的过程中教师首先要明确以交际为核心的教与学的写作目标，将这一目标贯穿于写作课堂的始终，根据交际语境写作的基本原理，教师要在教学中营造出一种真实的或伪真实的交际语境，从而引导学生在教学活动中积极地参与写作教学活动，而多媒体的导入能使教师更迅速地形成特定的交际语境，使学生更快地理解命题材料的背景，并能使他们更好地融入特定的环境中，具体而言，教师在进行作文练习之前，会播放一些与写作相关的影片、歌曲、文章片段，这些内容都是与本次训练的题目相关的内容，加之教师具有感染力的话语，能让学生能够更有代入感，更好地在脑海中建构起写作的语境。

教师可以选择有多重反转的材料作为习作材料，并以此创建交际语境，比如，乐清男孩失踪事件，可以利用多媒体分三个阶段向学生讲述，首先放出网络上谈论男孩为何失踪的记录，随后又放出"男孩被杀害，器官也被割掉""男孩已被拐卖""男孩因不想学习而离家出走"等说法的图片，最后播放相关的新闻，事实是男孩的母亲为了测试男孩父亲而自导自演的骗局，这一事件自带情感与认识冲突，能够快速地打动学生，引发学生的情绪变化，从而激发学生的写作热情，通过播放完整的新闻短片，可以使学生对事件有更直观的认识，让学生可以更好地代入新闻记者、公众号的运行人员等媒体人形象。通过使用真实的新闻素材，可以让学生更好地了解自己的角色所处的具体语境，提升学生的写作兴趣，同时也使他们更加关注社会问题。

教师也可以巧妙地结合已学的课文进行拓展延伸，开展练笔写作活动，在学生对学习过的课文有充分的理解的基础上，教师就能够更容易地利用课程相关的视频短片创设能使学生沉浸的交际语境，这样的好处在于在运用教材资源的同时，也践行了语文课标对学生的要求。

不论课内还是课外的材料，教师都可以设计不同的写作目的，让学生对同样的命题的不同阶段进行多次的写作训练，多次锻炼学生对文章不同部分的掌控能力、思辨能力与独立思考能力。

但是，在导入过程中，教师所创造的交际语境必须与学生的心理相适应，使他们获得参与感，从被动的学习态度向主动学习转变，其次，当下学生写作的问题大都是由于素材储备不足、内容空洞、思想贫乏等原因，要改变这种状况，必须把学生的注意力放到广阔的社会生活中去，抓住当前流行的热点，以热点话题创造符合文章主题的语境，便于学生带入具体语境发散思维。让同学们不但能够了解所写的内容，同时也能在写作中获得有关时事新闻的知识。

二、师生主体间性对话，激发学生读者意识

在传统的写作教学中，老师和学生之间存在着一种"上下级"的关系。老师提出问题、给出意见、进行评价，学生们往往处于一种被动接受的状态，这种不平衡的关系与当前提倡的"以学生为中心"的教育方式相违背。

其次，与传统的作文侧重于结果相比，交际语境更加重视学生的交际和阅读能力，这与目前教育界所倡导的教学形式相吻合，在以交际为基础的写作中，学生无论是提出想法、提出材料、确定文章的结构，都要充分考虑到读者的信息需要与自身现有的知识条件，学生只有认识到读者的需要，了解了写作的意义，才能写出优秀的作品，而学生长期被动地接受老师的意见，则会使他们失去自己的主体性，因为他们是被灌输的对象，所以他们不能真正体会到自己的意义，因此在语文写作教学的过程中，应该由教师逐步激发学生的读者意识，重视师生之间主体间性对话。

在课堂教学中，教师要充分地与学生进行对话，首先要理解学生的写作动机和兴趣。因此在写作教学中，教师要充分利用学生的写作兴趣，与他们进行交流，让他们更自由、更大胆地表达自己的意见，从而引导他们进行读者审视。而学生要想写出优秀的作品，必须要对读者有足够的认识，这就要求从生活中不断收集理解各种读者的异同之处。因此要让学生懂得维持自身兴趣与读者兴趣的平衡，避免学生过分地迎合读者，导致丧失写作兴趣与个人特色的结果。

结合学生的特点，在实际教学中要做到有的放矢，教师要认识到不同的学生写作能力之间存在差异，并以此为依据，充分发挥学生的主观能动性，对于写作有排斥心理的同学，应给予鼓励和帮助；对于写作缺乏兴趣的同学，应唤起他们的写作成就感，从而体会写作的魅力；对于写作毫无想法的同学，应将他们的写作动机水平维持在一定的程度，从而让他们拥有写作热情，教师与学生的良好沟通，既能增进师生关系，又能发掘其长处，发挥其创造性与辩证思维，提升写作能力。

三、进行合乎任务的语境要素训练

交际语境要素是交际语境写作理论的一个重要特点，教师应充分发挥这一优势，进行有针对性的语境要素训练，以达到培养学生深刻理解和熟练运用交际语境的能力。教师还可以将它与任务探究阶段的教学有机地结合起来，通过语境要素的训练，使学生能够在自己的写作中灵活地运用交际要素，而不是单纯地从命题材料中抄写句子。

在语篇要素的培养上，我们可以运用模块化的训练方法，把整篇作文分解为开头、中间和结尾三个部分，文章的开头部分能快速让读者了解作者的观点，对于不太了解和掌握交际语境要素的学生，在写作开头部分的训练，重点在于教授学生开门见山式地展示自身观点的写作手法，将自己所掌握的语境要素在开头中展示。

也可以在讲授完具体的课程后，就课程中已创设好的语境，如：在高一的语文教学中，当学生学习完《师说》这篇文言文后，教师可利用教材加强学生对于作者要素的理解，进行转换角色写作练习，交际语境的设计为：假设你是李蟠，收到师傅韩愈写给自己的《师说》可能会对他说些什么？假设你是被韩愈抨击的"今之众人"，你又会对韩愈说什么？假设你是"巫医乐师百工之人"，你对于韩愈又有什么想说的呢？学生在既定的写作对象下，利用书信体的形式，通过选择不同的作者身份，从不同角度进行写作，教师在引导学生写作时，需要提醒学生主要作者要素的变化。这种训练方式既可以训练学生变化写作的角色，又能充分发挥学生的想象力，让学生能更好地站在他人的角度上进行写作。

在写作过程中，学生对读者要素的理解是非常重要的。同样以《师说》为例，在教师训练学生对于作者要素的掌握后，可结合本单元的目标以演讲稿的形式进行读者要素训练。教师可以将《师说》进行拓展延伸，将其中的背景与现代社会相结合，现代社会的"读书无用论"与文中"耻学于师"的风气有相似之处，因此，可以针对现代社会出现的问题，让学生在具体的场景（晨会、班会）下发表自己的见解，在这个写作训练中，文体是演讲稿的形式，但并没有明确限定规定读者的身份，和具体的演讲情境，因此教师在引导学生写作的同时，需要给学生事先拟定多种的写作对象，可以是对"今之众人""本校学生"……供学生选择，当学生能熟练地将脑中的构思化作语篇后，就要注意到这篇文章中的语言要素，选择合适的语言语气。

除此之外，教师也可以在自主命题中使用求职信、邀请函、简历等多种文体格式训练学生，使他们能更直观地感受到语言的实际意义，同时，根据学生的生活、学习需求，创设生动且富有感情色彩的交际语境，可以激发学生的求知欲和表现力，进而提高他们的语言理解力与语言的表达力，实现写作教学的交际目的。

四、多样评价手段，达成篇目交际目的

俗话说："文章不厌百回改"，可见修改对于写作的重要性，而学生要想达成有效果的修改，就必须要对自己的作品中存在的问题有足够的了解，即自身对作品的评价，而他人对于作品的评价也能很好地帮助创作者更清晰地认识自身作品中存在的问题。

依据模型，此时处于修改与发布阶段，修改是作者重新思考的过程，因此在这一环节教师需要留给学生足够多的时间。教师要在教学中给学生布置评价自身习作的教学任务，在评价的过程中，学生就会根据发现的问题自我修正，同时教师设计相应的评改标准供学生参考，并设计足量的训练任务让学生熟练掌握这一套评改的模式，树立评价的规范思维，培养学生的评价意识，例如：教师让学生在写作后圈画出自己的作文的中心句（目的要素）、对象（读者要素）、分论点，让学生对照命题材料进行比较，让学生认识到交际语境要素也是自我评改的基础，反思自己的写作有没有按照自身提取的交际要素进行，在自我评改后依照自身写作的结果对作品的修改或者重写。

在完成了自己的修改后，老师还可以组织学生进行学生间相互评价，这一过程中，要提醒评审者从作者的角度来评价，这样才是真正有效的反馈，并找出评价对象的写作理念是否存在缺陷，具体措施为：老师要求同学用"同桌互改"的方式，让学生看一看对方的文章内容是否完整，语言顺序是否通顺，然后写出自己的阅读感受，教师也要适当地对学生的作文进行总结性评价。总结性评价主要是教师对学生在学习中遇到的问题进行分析、归纳，并根据同学们的反馈意见，制定有针对性的写作改进计划，这个环节依赖教师的职业经验，不能被学生的自我评价和互评所替代。

传统的评分方法太过依赖老师，而要想获得评价，往往要花费较长的

时间，而在此过程中，学生对自己的作文的期望也会有所下降，而学生间的自评和互评，可以及时地发现自己写作中存在的问题。教师通过观察学生评价，可以更直观地了解学生对交际语境写作的掌握情况。

在完成了内部评审之后，就是正式的发行阶段。读者们不再是自己的语文教师，也可以是学生的家长，同学，甚至是陌生的网民，不同的阅读对象对文章的评判标准也会有所不同，让更多的人来阅读或让他们发表意见，从而达到文章的交际目的。学生们也能从多方的评语中吸收他们不同的想法，让思维碰撞出火花，从而提升自己的能力。

五、复述整理，掌握写作交际策略

在完成作文教学后，教师要对教学活动的反馈情况进行复述整理，教师应就写作内容、写作过程、结果、互评、自我评价等内容进行归纳和分析，并结合以上分析的内容，询问自己在课堂上是否有创设适宜的语境，是否有引导学生理解交际语境写作理论，是否有引起学生的写作兴趣，学生是否有搜集整理生活中的写作素材，学生是否有整理学习到的写作经验，学生是否有自主学习，学生的文体、语言的选用是否恰当，学生是否有进行合理的文章编排等，最后，教师将这些问题的结果记录在一张表格上，为每位同学的真实状况做好记录，并分析备注哪些同学的写作能达到预期的交际目的，哪些学生有理解并掌握交际语境的写作策略。

交际语境写作策略可以反映出作者的写作能力与对交际语境写作的理解能力，因此可以依照整理出的实际情况，有针对性地教授学生写作策略。例如教师复述整理出大部分的学生存在没有内容可写的问题，教师便可以在一节写作课中专门教授学生如何在写作中围绕话题展开想象。想象的本质是发散性思维，通过这一思维可以帮助学生快速形成语篇意象，获得充足的素材，增加了材料的可选择性。

教师进行及时的复述整理，才能更好地发挥课堂教学的效果，并促使学生达成真实有效的表达，针对写作教学中存在的问题，教师可以及时进行适当的调整与改进，以达到写作教学与语文课程标准相适应、与学生身心发展特征相吻合的目的，从而提高作文的教学质量。

第六章　小学交际语境作文教学与案例

第一节　小学交际语境写作教学 1

一、拟真情景下的写作任务制定——以《亲情测试》为例

（一）主题聚焦，情景创设

教师要在主题明确的情况下，创设和学生对话的情境，把他们带入真实或拟真的氛围中，以此来激发学生对话的兴趣，激活他们的倾吐欲望。《亲情测试》是特级教师王玄舟老师执教的由教师创设情景，把学生带入拟真场景中进行写作任务制定的典型课例。不同于传统的写作任务制定，王老师采取游戏式作文的方式，如图 6-1《亲情测试》教学环节导图所示，课堂伊始，王老师亲切的语言就为学生营造一种温馨的情境，随即进入第一个环节：忆。让学生们在空白稿纸上写下自己最爱的五个人，并且说出写下这五人时的心理感受，充分给予学生时间回忆和体会。第二个环节：划。体验游戏，根据游戏规则请学生们将空白稿纸写下的名字一个个划去，在层层设问中引领学生与亲人进行深度对话。"写"和"划"的环节形成明确的交际语境后，王老师再适时引导学生将内心的话和心中的人交流，交际的目的和对象也在这个情境中出现了。

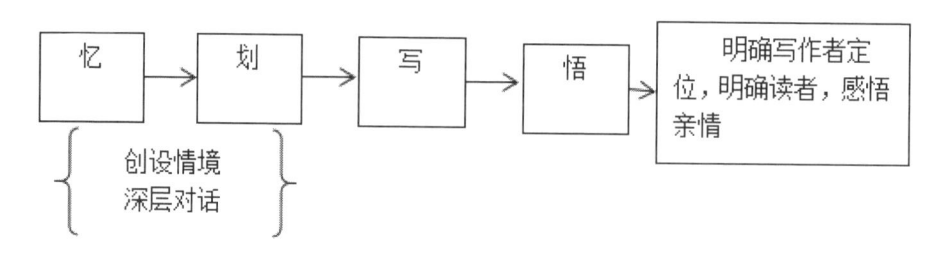

```
忆 → 划 → 写 → 悟 → 明确写作者定位，明确读者，感悟亲情
     创设情境
     深层对话
```

图6-1 《亲情测试》教学环节导图

（二）生命体验，启发写作

写作首先要明白写什么（话题），明确写给谁（读者），再考虑面对理想读者要表达怎样的思想感情（目的）……学生考虑以上要素越多、越具体，写作内容和风格就越丰富、越明晰地呈现在其心目中。这也在一定程度上考验教师的提问策略，是否能够层层推进并帮助学生生成写作内容。

师：（对另一生）孩子，你来说说。

学生：我最后划去的是我爸爸。我爸爸他很爱我。（哽咽，说不下去。）

师：是的，我相信。最后一个划去的，在你心中的分量一定是最重最重的。在你的心目当中，爸爸是最爱你的。所以当你把爸爸两个字划去的时候，你的脑海里边想到过什么？想到过你爸爸的什么？

学生（抽噎）：我想到我爸爸每天早出晚归……然后……然后每天都很少睡觉，但他还很体贴我。

师：孩子，记住你的爸爸，一个每天都要早出晚归的爸爸，一个每天睡得很迟很迟的爸爸，一个每天带着疲惫、带着倦色，依然深深地关心和疼爱你的爸爸，请你永远记住他。

（教师轻轻拭泪。静场）师：好，请同学们趴在桌子上。（静默半分钟）就二十分钟的时间，残酷，痛苦。我们仿佛一下子从一个阳光灿烂的早晨，跌入了凄风苦雨的夜晚；我们仿佛一下子从鸟语花香的春天，走进了冰封大地的冬天——短短的二十分钟时间。因为，在这个世界上，有五个你最爱的人，在这一刻，被你一一划去了。

（三）共情语言，真实生活

写作的过程无时无刻不包含着对话，不仅有作者与读者之间的对话，在写作教学中，师生间的对话也是存在其中的，尤其是新课标理念指导下的写作，师生之间是一种平等、融洽的互动模式。教师平等的、共情的教学语言才能创设学生最熟悉的生活情景，使他们能真实、个性地表达自己的情感。

《亲情测试》中，王相舟老师将生命体验和言语表达相结合，在学生"写"和"划"的过程当中，他与多位学生对话交流，亦师亦友，无时无刻不在展现他惊人的共情能力。整个过程王老师既是规则的制定者又是学生们的倾听者，和学生进行言语交流，走进他们的主观世界，了解他们的感受，在情感上与学生共鸣，帮助学生富有情感的写作，真实并创造性地完成写作。以下是情景再现：

师：其实，我跟你们一样，我也很难受，也很难过。当你们流泪的时候，我在中也跟你们一样，在做着一份非常非常艰难、非常痛苦的抉择。现在请你放下笔，（稍等）深深地吸一口气。然后，请你静静地看着最后的两个人，静静地看。这两个人是你在这个世界上最爱的人。你看着他们，你盯着他们，他们的声音会在你的耳边响起，他们的面容会在你的眼前出现，你曾经跟他们在一起所度过的每一年、每一天，甚至每一分、每一秒，此刻，都在你的心里慢慢地呈现出来。（学生中有人伏到案面哭泣）一个画面，一个故事，一个细节，这一切都是这两位给你的回忆；这些珍贵的回忆都是你最爱的这两位给你的。好，请你拿起笔。（稍等）把两位全部划去。（学生凝视稿纸，慢慢地、艰难地划去剩下的两个词。课堂上不时传来压抑的抽泣声。）

《亲情测试》对于学生情感具有深度地唤醒作用，但情感共鸣、亲情体验游戏类似的制造生活不可能是作文课堂教学的常态，这种活动作文的效果很有限，最根本的作文内容、素材的引发还是要靠真实语境和"写作策略"来解决。

二、写作任务制定的具体措施

（一）目的明确，指向交际

写作指导前，教师对情景的创设可通过各种形式展开。例如：发布明确的写作任务。小学高段写作任务大都以命题、半命题或提供材料的形式发布，教师在布置写作练习时往往没有对"如何能通过任务设计引导学生有兴趣写""怎样的任务设计才能激发学生兴趣"等问题进行充分的思考，出示的写作任务范围大而笼统，小学生在接到写作任务时手足无措，会产生所谓的"畏难情绪"转而变成抵触情绪，虚假作文和"小文人"作文就会出现。因此，教师在发布写作任务和材料时应仔细斟酌，密切联系学生生活并创设一个模拟的真实语境，出示更为具体明确的写作任务。以南充一中附属小学五年级期末考试试题命制来举例说明：

请你在下面两题中任选一题作文。

1.亲爱的同学，在生活中，有一种爱无处不在，那就是母爱。妈妈的爱像无边无际的大海，让我们在海中远航；还像一根蜡烛，点亮了我们，却燃烧了自己……请你以《伟大的妈妈》或《妈妈的爱》为题，写一篇500字左右的文章，除诗歌以外，文体不限。

2.以《寻金记》为题，把下面的材料扩写成一篇500字左右的记叙文。材料：从前，有父子二人住在一个山村里，种植果园。父亲得病后，儿子好逸恶劳，果园渐渐荒芜了。老人临死时，把儿子叫到床前，告诉他说："我有一罐儿金子，就埋在果园里……"儿子正要问埋在哪儿，老人已经咽了气。埋葬老人后，儿子在果园里整日地挖，也没见那罐儿金子，儿子大失所望，埋怨父亲骗了他。因给园子翻了一遍土，这年秋天，园中苹果、梨子获得大丰收。这时儿子才明白父亲临终时说的话的真正含义。

要求：（1）你若写第1题，先将题目补充完整。（2）你若写第2题，要在不违背原意的前提下，加以想象拓展。

以上两则命题材料，材料二尚不够贴近学生日常生活，选择材料一写作的学生较多。材料一的命题虽是学生熟悉，却没有提供一种认知、情感想象等方面的冲突，写作目的及范围不明确，不能很好地启发学生思考，激发学生情感，会导致学生"老虎吃天，无从下口"。若命题时能将材料一中"伟大的妈妈""妈妈的爱"稍作修改为"妈妈的黎明"，写作目的将更加明确。虽仅有两字之差，但学生在这样具体任务的驱动之下去观察、思考并写作，头脑里会产生无限的回忆和想象，便会明白此次写作写什么、为谁而写、自己作为写作者处在怎样的定位之中、需要采用怎样的文体达到写作的目的……由此开始灵活且多样地完成写作交际言语活动。

再如：了解并引导学生有个人的心理需求、交际需求，在交流的过程当中互相启发。教师在写作任务发布时尽可能地与学生交流，这篇作文是写给谁看的？最想让谁看到？在交流中有意识地诱发学生的"读者意识"，让学生在表达中有"你、我、他"。学生心中目的明确（知道"写什么"）、有了读者（知道"为谁写"），就会产生"如鲠在喉，不吐不快"的写作欲望，全身心地投入写作。同时，一旦有了明确的几大要素，学生心中的积蓄和感情也有了倾诉对象，思路就会畅通无阻，这也无疑增强了学生作文的感染力。

西华师范大学附属小学五年级五班王倩教师在指导学生以"家"为话题写一篇作文时，通过层层设问，注重学生独特感受，以家庭成员各自的特点为话题切入点引导学生敞开心扉，展开对话，回忆和家人之间发生的故事。

在命题导入环节，王倩老师利用了新媒体的手段（播放《让爱住我家》的视频）调动和唤醒学生真实情感，可是学生虽感动，却找不到合适的话题，不知道从何说起，当教师提示"说说家里的成员"后，这紧紧联系了学生的生活，将学生思维引入"最近发展区"，思维被进一步激活了。由此可见，交际意识贯穿于写作教学设计的始终，教师领悟和把握了"以交际为核心"这一关键点后，才能深谙学生的需求，在真实或拟真情景下步步引导学生明了交际目的,学生学习并掌握了"以交际为核心"的理念后,就能对写作目标、写作对象进行清晰地判断,继而充分发挥个性的自主创作写作表达。以下的该班学生写作。

小小动物园

西华师范大学附属小学五年级五班　王若宇

夕阳西下,我走出校门,回到那再熟悉不过的地方——我的家,一个仅居住着五只"动物"的特殊动物园。

俗话说得好:你爸和你加起来都斗不过你妈妈!我妈妈就是这个动物园里最厉害的动物。你猜,谁是草原之王?对了,就是一只大"狮子",还是一只母狮子。别看她平时慈眉善目的,但发起怒来就像一只大狮子。每次我学习不认真,她会先关上我房间的门,然后发动她的必杀技:"河东狮吼"!一旦"大狮子"妈妈发起威来,不仅我完全没有还招之数,就连我的爸爸也会远离战场。

参观完"狮子"后,就来到了"孔雀"馆。猜猜它是我家里的谁?哈哈,是我爱美的姥姥。我的姥姥特别爱美,出门总是喜欢把自己打扮得漂漂亮亮的。特别是每次要出去跳舞和走旗袍秀的时候,都会先给自己画上妆,打扮好了,再对着镜子左转右转,臭美一下。

离开"孔雀"馆,下一个动物就是山海经中的神兽—"游龙"。对,是我的爸爸。我爸爸常年在外上班,整天神龙见首不见尾。偶尔会在家里微信群里发几张照片,告诉我们兰州下雪了,看见成群的绵羊了等等,但更多的时候都是不见踪影,没人管的日子真羡慕啊!

还有一只动物,就是我的"大斗鸡"姥爷。姥爷最喜欢和别人"斗嘴"。如果你不小心惹到他,那你就"大祸临头"了,他会先向你发射三个"炸弹",然后是一百响"大爆竹",接着是两个"冲天炮",最后,就是一颗"原子弹",把你"炸"得哑口无言。我这个姥爷还爱喝酒。有一次,他回来,我看他趴在沙发上一动不动,便问他:"姥爷,您又去喝酒了吗?"也许是他说话不算话,他说着:"好好好,下次我不喝了"。我马上跳到沙发上,拍着他的大腿说:"喧当一声大门响,进来就往沙发上躺,走前都说不能喝,哪次不是二三两"。这个姥爷真是严格要求别人,宽容对待自己呀。

最后,就是我这只"大熊猫"了。你们不信?那就去问问我的同学们。我有一双大大的黑眼圈,所以,我的同学们就叫我"大熊猫"。我在这个动物园里受到了众星捧月的待遇,国宝嘛,受到特别的关照也是理所应当的,在家里,除了"大狮子"妈妈,"斗鸡"见了我也让礼让三分。

我的家是一个动物园,还是一个充满爱的动物园。如果有一天我能遇见灯神,我希望这个动物园一直开张下去,直到永远。

(二)生活引入,唤醒经验

教育家叶圣陶先生曾用一句话揭示人们写作的心理活动规律,即"心有所思,情有所感,而后有所撰作"。学生写作,亦是如此。学生的情感和情绪,是其写作的内驱力,也往往是其文章中心思想。因此,在教学过程当中,教师既要提供具体真实的情景,使学生在一种生动、轻松的情绪下学习和创作,也要创设拟真生动的语境,供学生想象和思维的开发。

写作任务的发布要把握生活中所提供的言语交际机会。"处处留心皆学问。处处留心也皆文章。"于永正老师进行小学"言语交际表达训练"写作实验时,将训练目标变成学生的现实需要,并将发生在生活中的各种事件变为学生训练的素材和绝佳的写作机会。一方面,抓住学校所提供的言语交际机会进行说和写的训练:学校有同学因父母工作调动而转学至哈尔滨,于老师为她在班里召开欢送会,为学生提供真实的交流环境,并在活动之后引导学生们为其作文《我的同学——×××》,随后把一篇篇带有老师批语的作文寄到哈尔滨。拥有了明确的读者和明确的交际目的,学生的信精彩、动情、感人;另一方面,抓住家庭生活提供的言语交际机会进行说和写训练:因在走廊上捡到烟头的一次偶然事件,于老师引导学生写《吸烟的危害》,随即给学生创设拟真的交际环境,让学生给吸烟的人写一封信,在学生心中,不同的写作对象就会有不同的表达方式,但一篇真诚的劝告是相同的。

写作任务发布时还要关注并了解学生观察、认识事物的一般规律。著名的心理学家列昂捷夫提出"从动机走向目的"的活动心理学理论，他指出，学生写作是一项非常丰富的心理活动，因此，小学生写作难是可以理解的，对他们来说，这种语言表达体现出学生多层面的需要，既有完成任务的需要，又有获得认同感的需要，还有满足生活的需要等等。要使学生不怕写作、善于写作，要先降低写作要求，从一般到特殊，逐步提高学生的写作能力。以记叙文教学为例，假如教师出示三个写作任务：1.《上周我是如何度过的》；2.《难忘的一天》；3.《母亲的工作日》。三个写作任务都是要记叙一天的事，但对写作能力的要求各不相同，因此写作难度各异。3号任务培养学生的搜集素材和整理素材的能力（因为学生不能完全了解母亲的工作日情况，故需收集素材），1、2号只要求简单的审题和表现中心的能力，对学生来讲更易操作。由此，结合小学生写作心理，选择由易到难、由一般到特殊这种恰当的方法制定写作任务，激发学生的写作动机。

（三）现场捕捉，因势利导

所谓现场捕捉，就是善于捕捉时机，抓住教学过程中的突发事件来创设情境制定写作任务，引导学生写作，尽可能地在学生想写时完成写作，使学生的写作成为生活的一部分，当学生于动情处作文，写作效果会更加明显。

落实随课微写到随时微写活动。随课微写是以"读写结合"为目的的微型写作，通过写片段的形式发展学生的路径思维，属于现场作文的一种，随时微写活动即是针对教学过程中的某一时刻能体现教师机智的非构思现场写作制定。兴趣是最好的老师，教师创造更多的写的机会，让学生的思绪在真实事件中飞扬，学生的写作能力也在一次次想法、一次次激发中提高，学生的写作思维才会在一次次微写中得到发掘。

（四）促进反思，鼓励创新

老师给学生教授写作文的技巧时要珍视个人的独特感受。部分一线教师在引导学生写作时，往往会在不经意间传递给学生一个思维定式，在指导时将自己的思维植入学生的脑海里形成一个个相同的模型，结果出现了框架的构建、素材的选取、内容的构成几乎雷同的情况，这显然与新课标的理念、交际语境写作教学的理念背道而驰。教师在写作课程的教授过程中，让学生实现自己的独立构思，想方设法拓宽学生的思维空间，激活学生的创新思维。可采取以下方法：其一，提供扮演多重角色的机会，引导学生学会从不同的角度看问题。学生写作的过程就是对话的过程，写作任务制定要使学生有读者意识。其二，提供适合的小组任务，支持知识的合作建构。在颁布写作任务时，鼓励学生们写"放胆文"，淡化某些文体规范，努力找寻其闪光点，并加以指导；让他们自己学会写写作方案，在思维碰撞中形成新的思路。

第二节　小学交际语境写作教学 2

一、高度把握素材下的交际语境写作课——以《圣女果》为例

1. 独辟蹊径、创新取材

特级教师于永正老师曾表示什么都能和作文教学联系起来。荣维东教授的《圣女果》一课就是将生活中这种常见却容易被忽视的蔬果——圣女果作为写作课的素材，可谓是独辟蹊径，紧密联系生活，切实践行真实写作。荣教授的教学准备非常充分，材料一为圣女果的相关资料（包含他的产地、特色、药用价值等等）；资料二是有关《圣女果》的小诗，说说文本的特点和目的；资料三是《圣女果》小说，说说他的文本特点和表达效果。课前教学准备环节，也为学生提供了多角度的路径，材料一所代表的是事实文本，强调客观真实，以说明的方式传达信息和知识；材料二、三所代表的是文学文本，用诗歌、小说等的形式表达思想，抒发情感。教师在选

材上就用心良苦，不仅选择与交际话题密切相关的素材，还能有素材分类意识，引导学生思维的开拓，及时点拨，不断开发学生的写作话题。

2. 面向读者、真实写作

《圣女果》是荣维东教授基于交际语境写作的经典课例，是一个充分考虑交际任务、话题、读者甚至是交际情景的实验课程。荣教授在《圣女果》一课的教学当中依据交际语境的要素，围绕五个问题，即写给谁？为什么写？用什么语言写？内容合适么？达到目的了么？创设了三个拟真场景，展开三个教学活动。

活动一：

你发现桌子上有一小盘圣女果，就吃掉了，可父母不在，就想写一个短信（或便条）告诉妈妈，该如何写？

（写作两分钟后）一个学生说："妈：我把圣女果吃掉了。"老师问还署名吗？

学生：不署名，因为妈妈知道，平时就是我在吃。老师点出——有对象，达到了交际目的了，我是谁的内容可以不说。荣教授暗示写作要有对象。

第二个学生念自己的短信是："妈妈：桌上的圣女果是我们家的吗？我把它吃掉了。"老师说："为何说'是我们家的吗？'这不是废话吗？"学生说："我家住出租房屋的，常有别人的东西放在案上，得说，证实一下。"老师没想到说得如此好，这完全是一个现场生成的内容。真实的场景、真实的目的促成真实的写作。

老师说："这就看出我们说话写作得看语境，语境也决定着写作的内容。"

第三个学生念道："妈：桌上的圣女果我吃掉了。味道太美了！"老师问为何提到"味道太美了！学生说："我想鼓励妈妈继续给我买！"——看来他挺聪明啊！有自己的交流目的在！目的决定了要说这句话，必须说。教师点明写作活动都包含明确而丰富的"交际语境"信息，这些信息是学生进行写作活动建构意义文本的极其重要的依据。

《圣女果》无疑是一场真实的、有交际取向的写作，在"写短信"活动中最能体现。荣维东教授结合学生的实践，在师生对话过程中当堂点评，让交际语境要素深入学生的脑海里，这也展现了教师的课堂机智和对虚拟语境法的深度把握。

二、写作构思指导的具体措施

成功的写作构思离不开素材的关联、想象和对交际语境要素等的把握。作为写前活动策略，小学语文高段交际语境写作要求激活学生的生活的储备和进一步拓宽他们的思维空间。

（一）激活生活储备

从心理学的层面上讲，即便是自主意识增强的小学高段学生，他们依然对这个世界有着各种困惑和好奇感，由此，不少教师在提醒学生"生活中不是缺少美，而是缺少发现美的眼睛"的同时，还要学会利用多种方式巧妙带领学生寻"美"。叶圣陶在《作文论》中曾表示：想要写好一篇作文，字词句篇是基础，素材才是关键。积累写作素材可用到以下的方式：

灵光一现速记录。小学高年级的学生面对写作文时常常存在着"没内容可写"的情况，不仅是因为他们生活经验有限，素材积累不足，也因为他们没有将体验过的活动变成自己的直接经验，误认为是小学生活的单调。因此，带动他们做一些特别的事情，通过体验这些"特别"的活动增加直接经验，例如：给陌生人写一封信、自己办一张借书卡、自己种养一些小东西等等，在活动过程当中，把稍纵即逝的灵感记录下来，久而久之养成独立积累的习惯，作文的素材自然就产生了。

刨根问底趣激活。特级教师蒋军晶老师表示"没内容可写的关键不是你的生活不够丰富，关键是你的'生活敏感度'比较低。'生活敏感度'高的人，即使足不出户，也可以文思泉涌。"教师不仅可以引导学生做一些"特别"的事，补充作文题裁，逐步提高生活敏感度；还可以通过不断追问的方法，层层推进，将学生生活中的小事放大写，就会将过程更生动。以

《公交车上》为例,公交车上的人有哪些?(上班一族、穿着校服的少男少女、买菜回家的妇女……)——你一般在公交车上做什么?(睡觉、发呆、看车载电视……)——无聊发呆时你会想什么?做什么呢?(看窗外的展示牌、路人……)当外面的风景看厌倦时,你又是如何缓解无聊的呢?

媒介手段来强化。发挥媒介的联系功能和催化作用,提供各类丰富实用的写作形态。合理使用手机等媒介,拍摄视频、朋友圈、微博等均是素材积累和激活的有效路径。如,让学生尝试拍照和录像,拍摄奶奶跳广场舞的情景,增强对写作题材和内容的敏感度;教师还可以借助新闻热点,建立班级朋友圈,以关注新闻为出发点,创设真实写作语境,有效利用网络平台,鼓励学生自主选择个性化的语言进行表达,展现各自的表达风格。

(二)拓宽思维空间

学生脑海中已有各式各样的写作素材和五花八门的写作内容,还需要他们提取其中最客观精准且符合命题要求的素材,按照一定的写作目的和格式要求,详略得当地呈现出来,使整篇文章思路更清晰,表达更完整,详略更得当。拓宽思维空间,进行有效构思可以采用以下的训练方式:

头脑风暴式训练。头脑风暴也作脑力激荡法,本身就是一种帮助激发新观念、新构思的好方法。即写作教学中,教师选定并提供固定的话题,让学生在个人或多人讨论的环境下,思考、交流、碰撞,学生们一边记录观点,一边思考材料,不仅会产生更多新奇的想法,而且写作构思也变得更加明朗。

层递式写作训练。层递式,顾名思义由浅入深、循序渐进、层层递增。层递式写作教学是一种教学体系,该体系充分考虑学生的心理发展、生活实际及知识水平等多方面的特征,将写作教学目标分解到各学段、各年级,甚至是每堂写作课。特级教师贾志敏老师曾认为:"目前,我们的作文教学基本上处于一种无序的状态。教师教作文无法;学生写作文无奈;教学的结果是无效。"因此,小学高段交际语境写作教学的采用层递式训练,即教师应对每堂写作课的情境性、整体性、序列性把握。通过对小学高段各文体进行层递式目标训练序列的把握对学生进行该文体循序渐进性的思维训练。小学高段以叙事类写作训练占大部分，因此，以叙事类文体为例，依据序列进行逐课时教案设计。

思维导图式训练。思维导图是一种形象化的思维工具，具有图文并重的特点，小学高段写作教学引入思维导图，对学生的写作大有裨益。思维导图不仅以轻松的方式唤醒学生的直接经验，还能拓宽视野，丰富思路，提升表达增强自主性等等。小学高段交际语境写作教学中，要使学生提高观察、思考、表达和创造的能力，教师要学会通过引领学生绘制思维导图来实现。利用思维导图进行写作构思，请看下面两个例子：部编版语文五年级下册第一单元话题作文为"我的心爱之物"。当学生首次接触题目时，往往不知如何下手。学生会有部分的想法，但所选择的写作素材往往具有局限性。这时，教师可以适时培养学生的发散性思维，利用绘制思维导图的形式对主题进行逻辑制作。回顾生活，罗列出自己认为值得说写的题材，再选择自己最感兴趣的题材写下去。学生的灵感会在写画之间迸发，从而生成更多写作元素，思维也得到有效的提升，同时，因为有了导图的清晰展现，学生在材料的选择上目标也就更明确，自然也就容易找到心仪且富有新意的写作素材。

第三节　小学交际语境写作教学3

一、读写结合下的语篇表达——以《品味孤独，体验成长》为例

（一）技法举隅，打开思路

叶圣陶老先生曾说："教材无非是个例子"。于教师而言，使用好教材这个例子，且能指引学生在阅读的同时举一反三，就能有效地训练学生的写作技巧等。从文章学角度来说，阅读和写作的共同点就是要理解和把握

文章的具体内容和表达的感情。小学高段的写作教学中，教师要拓宽学生阅读视野，利用好课内外阅读的文本，使他们能在阅读中掌握文本的主要技巧，学会表达主要内容和中心思想，有细节有条理等。从语篇表达手法、遣词造句、谋篇布局等方面引导学生去注意、去欣赏、去感悟。请看《品味孤独，体验成长》教学片段一：

师：在《孤独之旅》中，作家为了更加生动地表现杜小康如何面对孤独，进而战胜孤独，体验成长，他运用了许多写作方面的技巧。（PPT 展示）

设置特定的生活环境——绿色浪潮般直涌向天边的芦苇荡；连风都是黑的，世界末日般的暴风雨……

选取具体而典型的事物（成长中的鸭群）……尤其是对鸭群的描写，最后与杜小康的成长巧妙地融为了一体（小说的明线：杜小康的成长；暗线：鸭群的成长，巧妙汇合）。

师引领学生轻声诵读文末两段内容。（PPT 展示）

八月的一天早晨，杜小康打开鸭栏……杜雍和从儿子手中接过还有点温热的蛋，嘴里不住地说："下蛋了，下蛋了。"

师：同学们是否也能从自己脑海的中，搜寻到一些曾经促使自己成长的类似典型事物呢？

（生展开激烈的讨论……）

在《品味孤独体验成长》为主题的课例上，教师就有效地带领学生以读促写，读写结合，细读文本《孤独之旅》，师生将关注点投射在主人公杜小康面对孤独再到战胜孤独的整个过程上，并着重关注和学习作家运用的写作技巧。教师在带领学生文本细读时，就是带领学生观察他人的生活经验，这是补充学生生活经验和写作经验的一个重要渠道。以上的教学片段就是教师在带领学生通过文本掌握写作技巧。通过技法举隅，打开学生的写作思路。

（二）读写结合，激活体验

阅读的过程就是言语理解的过程，而写作是运用语言的过程，只有深刻的理解语言,才能灵活地运用语言。教师在阅读中自然地教,学生会自然地感受和想象文章作者所表现的生活。学生在别人的生活中找寻自己的影子,把阅读中独特的感悟和认识用心表达出来,在读写结合的训练中提高写作的水平。《品味孤独,体验成长》主题课例,区别于以往的文本鉴赏课,它是教师在引导学生通过读写结合的方式去进行写作体验,使学生明确写作的目的;通过师生互动谈话去启发学生联想和想象,唤醒学生的生活经验和心理体验。

(三)个性表达,言语交际

《品味孤独,体验成长》一课中,教师通过读写结合,开发写作课程资源,带领学生在阅读中体验他人的生活,揣摩名家名篇中的表达技巧,将生活体验和写法体验融合在一起,积累了丰富的语料,有效帮助学生突破语言表达上的桎梏。请看教学片段二:

师:在前面的讨论中,大家不仅捡拾了许多自己成长过程中的切身体验,而且还从自己脑海中搜寻到了一些曾经伴随自己成长的典型事物。接下来,大家需要进一步思考的是,如何将这些体验和素材,借助自己的一双妙手演绎成文。

生:我想采用转换叙述向度的方法,不去直接叙述和描写自己成长的故事,而是借助他人(如父母、朋友等)叙述、观察或者感受来间接表现自己的成长。

生:我想参考《孤独之旅》的写法,采用明线、暗线双线展开的方式。
生:我想采用倒叙的手法,先记叙自己长大时的惊喜,再追忆自己未长大时的故事,以此来增加故事的吸引力和可读性。

师:同学们上面所讨论的不管是写作手法,还是文章结构方式都很值得尝试。而且,也正像李同学所理解的那样,只要稍加变化,我们的文章就能够以新颖的面貌展现在众人面前,因此,我希望大家在写作中要敢于尝试、大胆创新。当然,在写作中,我们更要注意在中心的突出鲜明、材料的样略得体、叙述语言的优美生动等方面下足功夫,唯有如此,我们才能把握住写作的根本，才能够写出文质俱美的文章来。

一千个读者就有一千个哈姆雷特，学生阅读他人的文章后，会将一些细节、意象甚至生活习惯联系到他们自身的生活体验，形成个性化的语言。在师生互动中，教师引导学生通过阅读名家名作将体验和素材进行结合，不仅让学生明确了文章写什么，还要知道究竟如何写。

二、写作语篇构建的具体措施

在小学高段交际语境写作教学中，教师鼓励学生自由表达，同时，还需要在具体的表达方式、表述技巧和过程写作策略上，通过写作模型建构，提高学生语言表达能力，教师可引导学生通过电影式谋篇分析、概括等方式增添内容、丰富形式、增强情感，以"言、思、美同行"写作模型建构的方式来完善写作的过程，让文章看起来层次分明、文脉贯通，以此来培养学生语文、写作核心素养和能力。

（一）言、思、美同行

马正平教授指出："言思美"是一种新型的现代的语文课程观，是语文课程论中的知识论，语文教学的核心就是进行语文言思美的教学，这又是语文的教学观。"言思美"语文课程和教学观念就是非构思语文课程与教学观的具体表达、抓手。要在小学高段写作教学中培养学生写作核心素养和能力，就要进行言思美同行的非构思写作教学。这就需要忽视构思布局拟纲，而重视写作思维操作模型对文章材料、结构、语言的生成、生长。及淡化构思，强调思维，强调表达。通过读写结合的形式进行，从语言感觉、表达思维和审美思维三方展开，通过对课文的反复诵读，积淀语感和文调；通过反复对课文的分析与学生对话，培养学生的写作思维，从而文章的人文性情思内容；通过对课文文本的形式和课文所表达的情思进行审美转换，从而让学生获得无限的心灵、思维、生命时空、境界、人格。

(二)电影式连段成篇

特写镜头增添细节法。特写本是电影电视艺术的表现方式。"特写是运用凝练的拍摄手法将影像的某一局部呈现出来,在描绘人物心理和刻画人物时,能产生让人意想不到的震撼效果,他能抓住观众的视线,唤起观众的共鸣,在观众脑海中留下深刻印象。"所谓增添细节,就是围绕中心,将关键内容放大,突出画面感,增添戏剧性。可以关注主体的动作、心理、言语以及环境等等。写作教学中,使用特写镜头的推进方法功能,放大有感染效果的细节,会增强写作表达效果。教师在指导小学高段学生写作时,帮助其脑海建立细节描写的模式,在呈现画面的时候有意识地把语言形象化,再让学生多加练习,写作描写就会生动且具体。最终让学生抒发情感、表达自我。

第四节 小学交际语境写作教学 4

一、"想象性还原"交际语境策略——以《介绍一种事物》为例

(一)"想象性还原"策略的含义

"想象性还原"是引导学生动态地体验例文作者的写作过程,而非静态地机械模仿。教师借助例文和其他资源,帮助学生想象还原作者的写作目的和内容选择的过程。然后仿效作者写作方法和写作过程展开自我写作。在这个过程中,知识与内容相遇,更容易被学生理解和运用。有助于解决教师在讲解例文时脱离语境的问题。

(二)"想象性还原"策略的特点

1. 体验例文的写作过程

"鼓励表达真情实感,鼓励创意表达"是作文教学努力的方向。但对大部分小学生来说,作文的创作与创新必须建立在语文知识、语文经验和生活经验的积累之上。也就是要通过阅读学习和积累其他人的写作方法来

完成自己的习作。在模仿中创新，而不是"空穴来风""无中生有"。因此学生的每一次习作都离不开例文的学习与模仿。"想象性还原"策略区别于传统的静态仿写。强调一种动态的还原，通过还原作者的习作目的、读者、选材和表达技巧体验例文的写作过程。思考作者为什么要选取这样的角度写，这样写的好处是什么？这种写作方法如何运用到我的习作中？还有哪一类习作可以运用到这样的方法，而不仅仅停留在表面的字词句的摘抄和背诵层面。

2. 例文资源的丰富性

一般例文都只是作者的写作成品，需要借助其他辅助资料才能还原作者的写作过程。在这里教师要提供给学生例文的相关背景资料或者例文初稿，通过对比还原作者的写作过程。教师要尽力收集丰富的资料。让学生深入地学习写作过程的每一个步骤，"授之以鱼，不如授之以渔"。这一过程会花费教师大量的时间和精力，但也会有事半功倍的效果。

3. 反馈的及时性

例文的呈现顺序有两种，分别是"先读后写"和"先写后读"。这两种方式各有利弊，需结合具体教学实践灵活使用。如果例文在学生写之前呈现，教师要引导学生还原例文写作过程，感受和提炼与本次习作相关的习作知识和技巧。如果是"先写后读"，要让学生将自己的习作与例文对比从中找到不足，揣摩例文的表达方式，并运用到自己的作文修改中。学生修改后的作文要得到及时的反馈，以检验学生对本次习作知识的掌握情况。

二、"想象性还原"策略的操作程序

（一）明确读者和目的

例文的学习实质上是一个以读促写的过程，写作是从意到言的转换，通过确定交际语境各要素完成表达。阅读是一个从言到意的转换，通过还原作者的写作过程，探究作者表情达意的方式方法。因而，教师在使用例文的时候，要引导学生找出例文中交际语境写作的五个基本要素，即话题、读者、作者、目的、语言。例文的文体和主体内容一般是很容易被学生识别的。如习作主题是《写一个特点鲜明的人》，那么选取的例文可能是与人物有关的文章《我的伯父鲁迅先生》等。二者在文体和表达上都有类似的地方，教师在此基础上为学生提供相关的背景资料，帮助学生还原作者的写作目的和读者对象。如教师在教学宗璞的《紫藤萝瀑布》一文时，提供当时作者弟弟因病去世作者悲痛欲绝的写作背景，推测这可能是写给弟弟的一篇文章，为了激励那些正处在困境和悲伤中的人们，当然也包括她自己。

（二）聚焦习作知识

例文都包含本次习作所需的写作知识，但知识不能由教师直接告诉学生，这样习得的知识是消极的，往往学生往往停留在认知层面，而不能做到在具体情境中灵活应用，教师可以设计一组问题，引导学生体验例文的写作技法所在。如：如果你是本文的读者，你觉得作者达到习作的目的了吗？你从哪些段落和句子感受出来的？这些段落和句子有何特点？作者为什么要从这些角度构思呢？你觉得有没有更好的方法？例如：如果用背影这篇例文教学生用"动作细节刻画人物"这个写作知识，可以设置情境：我们要写一个关心你、爱护你、照顾你的父亲，你需要选取哪些动作或细节呢？接着教师引导学生体验《背影的》写作过程习得写作知识。

（三）灵活运用知识

整个小学阶段学生学的300多篇课文，都可以作为习作的例文，但为什么学生仍然写不好作文呢？知识的输入方式在一定程度上也决定了知识的输出方式，问渠哪得清如许，为有源头活水来？习作知识的习得应该植根于具体的生活和学习情境之中，如果知识没有情境的激活，那么只是一种消极的积累。通过想象性还原例文的写作过程，指导学生习得了有针对性的写作知识。减少了学生理解和运用知识的障碍。力求运用恰当的形式表达自己的感情，做到"我手写我心"。例如五上习作5《介绍一种事物》的教学设计：

1. 教学目标：有顺序地观察事物

能按照事物的几个方面有条理地写清事物，分段表述

能围绕事物特征写清楚

2. 教学过程

（1）创设任务情境

榴莲是一种让人又爱又恨的水果，爱它独特的味道，恨它难闻的气味。有的同学吃过榴莲，也有的同学没吃过。如果我们要向没有吃过榴莲的同学介绍榴莲，怎样才能让他人了解榴莲并感受到它的味道呢？

（2）还原例文语境，习得习作方法

出示例文《我爱故乡的杨梅》第4、5、6自然段

杨梅圆圆的，和桂圆一样大小，遍身生着小刺。等杨梅渐渐长熟，刺也渐渐软了，平了。摘一个放进嘴里舌尖触到杨梅那平滑的刺，使人感到细腻而且柔软。

杨梅先是淡红的，随后变成深红，最后几乎变成黑的了。它不是真的变黑，因为太红了，所以像黑的。你轻轻咬开它，就可以看见新鲜红嫩的果肉，嘴唇上舌头上同时沾满了鲜红的汁水。没有熟透的杨梅又酸又甜，熟透了就甜津津的，叫人越吃越爱吃。我小时候，有一次吃杨梅，吃得太多，发觉牙齿又酸又软，连豆腐也咬不动了。我才知道杨梅虽然熟透了，酸味还是有的，因为它太甜，吃起来就不觉得酸了。吃饱了杨梅再吃别的东西，才感觉牙齿被它酸倒了。

思考：读了例文，你的眼前是否出现了杨梅的样子，嘴巴是否感受到了杨梅的酸甜？仿佛品尝了一次杨梅的味道？你从哪些地方感受到的？

结论：从用词的角度来说，运用了大量描写杨梅的形容词；从构思的角度讲，选取了外形、颜色、味道三个角度；从方法的角度看，融入了自己真切、细腻的感受。

（3）运用在例文中习得的习作知识，把榴莲这种奇特的水果介绍给你的读者吧，争取让他们通过你的作文，品尝一次美味的榴莲。

第七章 初中交际语境作文教学与案例

第一节 初中交际语境写作教学 1

一、微写作教学案例：真实典型想象合理

（一）八年级下传记微写作第一课时教学设计

1. 教材分析

部编版教材八年级下册第二单元写作要求"学写人物传记"。本单元有回忆性散文《藤野先生》《回忆我的母亲》，也有传记《列夫托尔斯泰》《美丽的颜色》。单元导语中，明确提出"了解回忆性散文和传记的特点，比如内容真实、事件典型、注重细节描写等"的学习要求。在第一篇教读课文《藤野先生》课后第一题中，要求"看看文章中记录了哪几件事"，提供拟定小标题的活动，让学生加深对典型事件的理解。同样，在第二篇教读课文《回忆我的母亲》第一题中，则要求想一想"母亲的勤劳是通过哪些事例体现出来的？"可见，学生学习和写作传记、回忆性散文，都能以选取典型事例为支架。而在《藤野先生》课后第四题中，利用鲁迅原稿和改定稿对比，引导学生将地点、事件具体化，能让传记微写作更真实。

2. 教学设计思路

笔者将围绕传记写作，设计系列微写作任务。本研究中的两次微写作

教学设计，分别实践教学目标聚焦化，教学实施语境化和教学评价交际化策略。本课侧重于教学目标聚焦，利用不同交际语境衔接，实现对学生微写作能力要求的递进。本课教学目标聚焦传记文体的表达真实，事件典型特征，进而实现交际目标。在设计话题时，结合学生生活体验，提供不同语境。首先，让学生在面对不同交际对象时，通过可操作路径突出传记真实性；再提升微写作要求，运用外貌刻画等程序性知识，突出典型性。同时，利用微型例文对比，落实鉴赏评价的能力，通过口头、笔头微写作和讲评，提升学生表达运用能力。

3. **教学过程**

（1）结合教材写作提示，初谈传记内容特征

设计意图：写作提示中，明确在每段首句给出关键信息："传记要求真实""让人物自行展现思想感情、性格特点"等。让学生借助教材，自主提取传记关键信息，既能调动学习兴趣，也能高度概括文体特征。

明确目的：真实、重点突出。

（2）如何做到真实？

（先出示改动后的选文）1912年，斯科特一行清晨启程，出发得比平时更早，为的是能早一点看到无比美丽的秘密。焦急的心情把他们早早地从自己的睡袋中挤了出来。到中午，这几个坚持不懈的人已走了十多公里。

（再出示原文内容）1912年1月16日这一天……到中午，这五个坚持不懈的人已走了14公里。

提问：你觉得哪段微型例文更真实？为什么？

明确：第二段微型例文，因为数据更加具体、准确。

（先出示改动后的选文）现在他们真是惊慌到了极点。人们可以想象到斯科特如何尽量掩饰着自己的恐惧……最后，他可能会自白道："唯愿上帝保佑我们吧！我们现在已很难期望人的帮助了。"

（再出示原文内容）现在他们真是惊慌到了极点。从日记中，人们可以觉察到斯科特如何尽量掩饰着自己的恐惧……最后，终于出现了可怕的自

白:"唯愿上帝保佑我们吧!我们现在已很难期望人的帮助了。"

活动:结合两次微型例文,小组讨论可以通过哪些小技巧,让读者感受到传记的真实性?

(设计意图:联系七年级学过的课文《伟大的悲剧》,站在读者的角度体会,如何体现传记真实性。)

明确:文中涉及时间、地点、人物、事件尽可能具体;适当引用资料,保证叙述真实可信。

语境一:班上来了一位新学生,你需要利用传记,向他介绍自己。介绍内容包括名字由来和含义,以及( )等基本信息。

活动:畅所欲言,填写还需要介绍什么基本信息?并请学生进行微写作,用传记进行自我介绍。

(设计意图:结合上一环节的例文对比,可见介绍出生地点、时间等基本信息,能增强传记的真实性。)

语境二:新生向你提问:"既然你出生在×地,能不能引用脍炙人口的评价,让我进一步了解你的故乡呢?"

(3)如何做到典型?

出示例文,老舍《著者略历》

舒舍予,字老舍,生于北平,现年四十岁,面黄无须。幼读三百千,不求甚解。继学师范,遂奠教书匠之基。及壮,教书为业,其难发财。二十七岁,发愤著书,科学哲学无所懂,故写小说。三十四岁结婚,今有一儿一女,均狡猾可喜。教书做事,均甚认真,往往吃亏,亦不后悔。

小组交流:从本文中提取到哪些信息?站在读者的角度,你认为这篇传记在介绍典型事迹,突出人物形象的层面,有什么闪光点?

(设计意图:节选老舍的自传作为微型例文,让学生在提取信息、概括的过程中,总结传记可选择哪些主要信息作为写作内容。以发生重要事件的年龄进行介绍,让传记既有典型事迹,也有条理。站在读者角度分析小传,增强学生读者意识。)

明确：姓名、籍贯、外貌、职业、家庭等信息。值得学习的技巧有：通过主要经历和年龄节点，介绍老舍求学、就业、写作等经历，读来更加有序；选取读书、写作经历为主要内容，突出爱读书、专注文学的人物形象。

语境三：听了你的传记式自我介绍，在班上的好朋友想知道你是否足够了解他？并请你帮他写小传。如果好朋友认可你的小传，将直接用这篇小传向别人介绍自己。在不说出好友姓名的前提下，看看能否被同学们猜出传主？

活动：小组内部分享微写作，推选最容易猜出传主的微写作成果，抽三位学生朗读作品。

（4）布置课后笔头微写作：跟好友互读作品，根据传主建议，进一步修改自己的作品。

活动：从传记系列微写作课中，每次选取五份最具"识别度"的传记，在阶段课程结束后，举办主题为"我们的身边人"的小传展览。

4. 教学反思

在教学过程中，笔者感受到学情变化：从只了解概念性知识，到借助微型例文深入理解操作路径。通过对比、讨论等活动，学生自主提取出传记基本特征——真实性、典型性，并在口头、笔头微写作中得到反馈和提升，提取出突出文体特征的写作技巧。但值得注意的是，因为缺乏专门的微写作课上练习，不少学生对于口头微写作反应不佳。相对来说，在笔头微写作层面，大部分学生完成效率和质量高于大作文。

在个人教学层面，笔者贯彻微写作目标聚焦、植根语境的教学原则，实践教学目标聚焦化策略，主要借助对位教学目标的微型例文，降低学生理解难度。并结合教材，落实教学目标聚焦化策略：提供符合初中学情的交际语境话题，利用不同语境衔接能力要求递进。但在实际教学中，笔者发现：为遵循写作能力间存在重合的规律，搭建阶段性微写作课程的网状链条，还需预设学情的复杂变化。在这一阶段微写作课程中，本课作为前期课程，在口头微写作和对比例文等活动中，已反映出学生交际能力的巨大差异。大部分学生需要专门的微写作教学训练，逐步提升口头表达能力。作为教师，可在宏观角度，以阶段性微写作教学目标为起点，在实际微写作教学中，则要根据课堂和课后学情，灵活调整单次课教学目标，合理把控课程间教学目标网状串联。这对教师教学能力，微写作评改质量提出了更高要求。

二、教学实施语境化

写作中存在编造、套作等通病，主要成因是潜在写作资源调动不足。落实在微写作教学中，需充分利用交际语境分析，利用交际对象筛选写作内容和方式，进而避免套作。

（一）搭建语境支架，高效转化交流成果

交际语境下微写作教学，需要明确交际语境中对象、目的等元素，教师更需要重视写前分析，尽可能让语境具体化，写作对象、目的更加明确，降低微写作难度。

1. 深入分析 RAFT 策略，提供语境分析支架

RAFT 策略是作者角色、受众、形式、话题四个单词首字母的缩写，是阅读或写作语境分析的主要要素和框架。首先，可以将庞杂的作文教学内容，分解为系列写作活动。比如，由生活中常见"小"物为主角，展开系列写作活动：写便条、网页制作、评点网页等。其次，由真实语境做依托，成功树立"在交际中写作"的观念；理解"不同的语境、目的、对象决定写作的内容、文体和语言"。除此之外，可引入 RAFT 写作元素作为不同语境下分析支架提供给学生，这四个字母对应着作者角色、受众、形式、话题。

结合教学经验，还可在交流环节让学生自我总结、反思，如何针对不同对象、目的，采用不同文体和语言，实现交际目的。活动需要依托交际语境，将语境要素作为写作要求直接呈现，改变传统写作对于主题、立意和写法限制和规定性，缓解学生对应用文写作的畏难情绪。在语境分析过

程中，合理运用合作学习，共享集体思维成果，能让学生对所学知识有更全面认识。

2. 引入问题情境，高效转化活动成果

在进行交际语境要素分析时，还可通过问题情境，提升学生参与度。首先，为落实具体语境对学生写作的"定向"功能，可利用多媒体将学生引入"问题情境"。接下来，据情境展开课堂讨论，让学生在问题语境中，进行"合作写作"，重视思维碰撞。再次，教师需明确写作任务，重视活动成果的转化。最后，可利用辩论等口头交际活动，创设真实写作情境，推动学生从不同立场、角度畅所欲言。

结合笔者实际微写作教学经验，需重视辩论成果的转化质量。初中生表达欲望在辩论中被充分调动，"头脑风暴"能让写作内容更加丰富，但也倾向无序。为避免这种问题，可利用虚拟语境，提供两到三个微写作任务，让小组内学生各负责其一，每个写作任务中设定的作者身份、对象、目的必须明确，缩小微写作内容范围。还可设置"秘书""发言人"等组内职位，将书面整理、发言任务明确分工，提升成果转化质量。

设计情境：今年暑假，我正在路边等车，一起等车的陌生人中有位挂拐棍儿的青年，半靠在树上，衣着整洁，容貌也有些英俊。这时，来了一个打扮时髦的少女，她一边打电话一边吃着冰淇淋，说笑着也停在了车站边，但她的冰淇淋包装纸不知怎的落到了地上，随风吹到了残疾青年的脚边⋯⋯

3. 课堂任务帮助建构写作框架

（1）任务一

语境一：后来，"我"又会看到什么？口头将故事讲给你的同桌听。

（2）任务二

出示关键词：车站、残疾人、包装纸、少女。

利用思维导图，四人小组制作统一、完整的故事情节；

组内成员推选一个"发言人"在全班分享本组合作完成的故事，由本组"秘书"记录学生和教师对故事提出的建议。

提示：为吸引听故事的人，在讲述故事时可以运用哪些写作技巧？（在思维导图上适当添加）

（3）任务三

语境二：青年把今天发生的事写进了日记。

语境三：少女也把故事讲给了朋友听。

语境四：一旁的等车人回家后，也将车站见闻告诉了家人。

请小组成员各选一个角色（不能重复），将青年的日记，或少女讲故事的内容，等车人的车站见闻，利用微写作还原。

（提示：在微写作前，制作RAFT语境要素表格，突出不同语境下，作者和读者的需求差异，进而选择合适的写作内容和语言风格。）

（二）文体遵循语境，表达细化文体差别

为改善初中微写作文体不够清晰的状况，可借助语境分析，总结不同文体间的表达差异，帮助学生落实读者意识，重视表达精确度。

1.结合例文对比，理解语境对文体的制约作用

首先，教师可结合教材，对比文体特征。微写作文体明确，离不开与教材内容的紧密结合。可利用课文抽取微型例文，讲解某类文体突出特征，推动遵循文体特征的微写作实践。以部编版语文教材七年级上册第六单元内容为例，在课后积累拓展部分：《皇帝的新衣》作为童话，特征在于夸张，布置改编"课本剧"和表演任务，帮助学生深入理解文体特征；《天上的街市》作为诗歌，短小而意无穷，教材安排学生描述诗歌蕴含的想象世界，可视为扩写。对比可见，教材编排重视文体特征。

其次，可利用符合文体特征的教学支架，布置微写作课后练习，降低微写作难度。在《寓言四则》课后安排：任选一篇寓言进行改写，并明确提示"寓意和情节设计有密切的关系"。让学生在寓言微写作中，遵循文体特征：要有明确寓意，并通过情节突出寓意。同单元三篇教读课文，均根据文体特征设计微写作练习，教师可利用几篇课文进行例文微化处理，让学生在微写作中，理解相近文体差异。

2. 据语境选择文体

美国教育心理学家加涅将学习结果分为：言语信息、智慧技能、认知策略、动作技能。除态度这一学习结果外，其他几种可归纳为陈述信息能力，运用符号办事的能力，控制自身认知行为的能力。记叙文侧重于陈述信息能力训练，对后两种能力要求较小，较难培养学生解决实际生活问题的能力。在微写作教学中，倾向单一文体，难以获得更高水平学习结果。根据语境选择文体，是交际语境理论为微写作教学提供的优化路径。

首先，初中微写作教学以语境分析为前提。在微写作练习中，提供与学生认知环境较为相关的信息，确保交际难度适于学情。其次，引导学生按照交际意图选择文体。以不同交际意图为例，交际语境下常练习的微写作类型是劝说类，通常适配议论文；也有关于表达人生思考的语境，比如"选择做珍珠还是沙子一样的人"，在这种传递主观感受的语境下，要写独特经历下的特定感受，通常适配记叙文。再次，还要关注微写作过程中，学生是否考虑文体特征、语境因素。

3. 表达符合文体，语言遵循文体特征

表达得体是口头、书面交际的必然要求，能帮助学生达成交际目标。在口头表达中，表达得体即符合语境，在书面表达中，还需要遵循文体特征。在指导初中生虚构故事时，学生常常难以下笔，更写不出故事味。多数是简单写事件，再在结尾处，夹叙夹议谈感受。究其原因，还是缺乏对文体特征的清晰认识。

首先，教师需要将陈述性知识微化，降低初中生理解、运用难度。可借用学生熟悉的文本，将提炼出的陈述性知识显化，让学生在实践中加深理解。其次，教师在示范过程中，需强调"创新"。还需要注重学生活动难度的循序渐进，逐步落实教学目标。再次，教师需提取可操作路径，让学生在微写作中巩固。引导学生分析可操作路径时，不囿于要"做到"什么，重在总结"如何做"。最后，针对学生总结生成的回答，教师可适时扩展，实现阶段教学目标的前后联系。以邓彤老师对故事微写作的教学流程为例笔者将

陈述性知识微化，及引导学生总结操作步骤的教学过程，整理为如下四步：

（1）冗长概念微型化

对应教学活动：引用美国作家杰里关于"故事内核"的概念，将冗长的陈述性知识总结为"矛盾"。

（2）微型概念要素化

对应教学活动："矛盾"在具体微写作中还不够具体，再分解为"愿望"和"障碍"，便于初中生理解和实际创作。

（3）熟悉例文验证概念和要素

对应教学活动：用《西游记》这个耳熟能详的例文验证刚提炼的概念和要素。取经和妖怪构成了这个故事，那么"愿望"是"取经"，"障碍"就是"妖怪"，据此，讨论故事写作原则。学生根据《西游记》故事内容验证：好的故事要包含愿望，还要有障碍。（在微写作教学中，对例文的微型化处理还可确保时间的高效利用，运用耳熟能详的例文可节约教学时间。）

（4）突出读者渴望的微写作要素，提高能力要求

对应教学活动：教师有意识突出读者感受，即愿望和障碍之间有矛盾，有矛盾的故事才有意思。读者渴望了解孙悟空如何克服障碍？所以，克服障碍是写好故事的重中之重。将微型化知识镶嵌在教学活动中。如利用改编故事等活动，将"冲突""悬念"等写作概念，转化为初中生易理解和操作的实践路径。再在教学活动中，逐步提高微写作质量要求，比如在写出有"冲突"的故事后，要求微写作还要有创新性和趣味性。

第二节　初中交际语境写作教学 2

教材分析：本单元是部编版语文八年级上册第一单元，是活动探究单元，包括任务一：新闻阅读，任务二：新闻采访，任务三：新闻写作三个部分。新闻写作既是前两个任务的结合与落实，也是成果的展示。

与一般的写作不同,"新闻写作"尤其是消息写作具有比较明显的程式化特征,其各个部分的基本特点、结构、格式都有比较明确的要求。因此本教学设计以学生自评自改、学生小组之间的互评为主,辅以教师的评价,教师的作用更多地体现在评价标准的制订,消息报道效果评价,学生自评、互评效果总结等方面。

"新闻写作"的另一个"重头戏"是制作报纸或新闻网页,这既是学习成果的呈现方式,同时也是新闻采访、新闻写作的自我检测方式。这种自我检测方式包含在活动过程之中的、自我反省式的、活性的,不需要严格分层、分等。

一、"新闻稿"写作教学设计

（一）**教学目标:**

1. 能自己搜集新闻素材,参考技巧点拨,写一则消息,组内同学互相交流,修改完善。

2. 任选新闻特写、通讯完成一则报道。

3. 编辑制作报纸或新闻网页。

（二）**教学准备**

1. 提前发放各新闻体裁（消息、通讯、新闻特写、新闻评论）对比表,并要求学生提前完成。

2. 提前发放教学中涉及到的作为案例的新闻,要求学生提前阅读。

二、"新闻稿"写作的教学过程（两课时）

（一）第一课时

1. 回顾旧知,导入教学

教师组织学生回忆第一单元学习的五篇新闻体裁的课文,共同梳理消息、通讯、新闻特写、新闻评论几种新闻体裁在篇幅、时效性、报道对象、报道重点、文体特色几方面的特点。

2. 创设情境，布置任务

本月底，学校将迎来第七届春季运动会。如果你想帮助大家了解赛事、为你所在的班级加油助威、分享运动场上情感故事、有趣故事……请积极向学校广播站投稿，来稿限于消息、通讯、新闻特写三种类型。希望每位同学踊跃写稿、投稿，让你想说的话被全校师生听到！

明确：教师引导学生利用"RAFT"读写策略对写作任务进行分析。

作者	读者	文体	话题	目的
记者	学校各位老师、同学	消息、通讯、新闻特写	春季运动会	加油；预告赛事；回顾精彩赛况；回顾赛程等

3. 讨论新闻写作内容

明确：春季运动会的时间、地点、人物，及其整体赛况；各项赛事的进程、结果；各年级或各班级的赛事风采；春季运动会中各级各班与赛程有关的趣味、情感故事。

4. 学习消息写作技巧

（1）学生自主阅读教材"技巧点拨"部分，总结消息写作技巧

①确定标题。真实客观、重点突出、简洁醒目。

②安排正文。呈"倒金字塔"结构，包括导语、主体、背景、结语四部分。导语集中呈现最重要的事实；主体对事实展开更详尽的叙述，其内容按重要性逐渐递减。

③语言在准确、简洁、明晰的基础上，再追求文学性。

（2）确定标题

①教师介绍新闻标题的类型、特点，并出示相关实例。

②教师指导学生"写标题"。

回顾《消息二则》的标题，引导学生发现标题能够简洁明了地表现正文的内容，师生共同总结有效撰写标题的几种方法：

Ⅰ.用5W即"何时、何地、何人、何事、为何"对新闻事实进行概括提炼。

Ⅱ.确定最核心的新闻事实。

Ⅲ.整合信息,完成标题写作。

③教师指导学生"新颖地写标题"

出示优秀消息写作,通过范例指导学生学习如何"新颖地写标题"。

Ⅰ.利用首因效应,提炼新闻真相

出示案例《琼瑶维权,"戏"还没完》(具体略),课前已经布置此部分的新闻阅读任务。

解说:标题短小精悍,通过标题读者就能轻易地顺着作者挖掘的因果链、事实链展开阅读。"戏"字一语双关,巧妙地契合了文章内容:一方面指的是琼瑶对编剧于正等的作品《宫锁连城》涉嫌抄袭其作品提出诉讼,法院判决于正及四家影视公司赔礼道歉,并赔偿经济损失。于正方表示将提起上诉,这出戏无法在2014年终结;另一方面指的是"维权难"是困扰知识产权保护最大的难题,如"如何认定是否侵权?""涉嫌侵权的剧目处罚额度多少合适?"等等。对于中国知识产权保护而言,故事远未终结。在全社会营造尊重原创,尊重创新的良好氛围任重而道远。

Ⅱ.发掘"形式美",即整齐有致、错落有致

出示案例《困局!英国"脱欧"变"拖欧"》(具体略),课前已经布置此部分的新闻阅读任务。

解说:语言的形式美既可以是整齐对称,也可以是错落有致,最理想的状态就是乱中见整,有整有乱。此标题同中见异,异中有同;从读音上看,"脱欧"和"拖欧"读音一致;从含义看,又完全不同,"脱欧"是脱离了欧盟,"拖欧"是成为了欧洲各国中拖后腿的国家。音同意不同,既朗朗上口,又强调了事件的不同本质。

Ⅲ.满足情感需求,即审美需要、心理需要

出示案例《天堂有雨,那是女儿思念的泪》(具体略),课前已经布置

此部分的新闻阅读任务。

解说:《天堂有雨,那是女儿思念的泪》是歌颂深圳特区民警李维的英雄事迹,不同于一般新闻直接讲述故事,该文从其16岁女儿写给他的书信展开,一份份书信寄托的是女儿、不曾停止过的思念,引起读者强烈的情感共鸣。

出示案例《我很丑,但不妨碍做总统》(具体略),课前已经布置此部分的新闻阅读任务。

解说:除了通过真情实感感染读者,选择与新闻事实相符的、幽默有趣的语言作为标题,以满足读者的审美需要和心理需要也是一种有效的形式。该标题以政治类新闻不苟言笑的特点,通过诙谐的口吻塑造了一种幽默有趣的氛围。类似的题目还有:《丰子恺画画"不要脸"》《三流服务白瞎了一流设施》《自助餐:别让"盛宴"变"剩宴"》《康巴汉子给藏羚羊当"奶爸"——在青海可可西里保护站感受管护员铁汉柔情》等。

(3)撰写导语

①学生自主阅读"技巧点拨"部分,总结导语写作的要求

②教师出示相关导语范例,师生共同总结常见导语形式

出示《中英香港政权交接仪式在港隆重举行》《美"挑战号"航天飞机升空后爆炸》《惊心动魄35分钟》等的导语。(具体略,课前已布置此部分阅读任务)

明确:叙述式、描写式、悬念式、结尾式。

③师生总结拟写导语的思维过程

明确:导语的写作,是以作者提炼新闻事件中的核心信息开始的。

哪些内容是该事件中最重要的?

主要人物有哪些?

选用哪种方式拟写,是否与标题重复?

有没有能够吸引读者的字词句要写进导语?

④学生练习标题、导语的写作

课件出示第二十九届中国新闻获奖作品的有关报道。

学生阅读上述消息，根据"新闻要素"梳理材料的相关信息，并根据消息内容"补写"消息的标题和导语，进行对比。

根据"新闻要素"梳理材料的相关信息，明确人（物）、事情、地点、时间。

学生根据消息的内容"补写"标题或者导语，与原作对比。

（二）第二课时

1.回顾旧知，导入新课

教师引导学生回顾撰写标题、导语的相关知识，引出消息其他部分的写作。

2.学习消息写作技巧

（1）撰写主体

①结合所学，师生共同总结新闻主体的基本撰写原则

明确：中心性；围绕导语选素材；按照重要性递减的原则安排材料；真实性；读者意识；新闻背景放在最后。

②借鉴文学手法写正文

Ⅰ.链接《满身泥巴的女兵，美得让人泪目！》（《人民日报》）选段。（具体略，该部分新闻范例课前均已布置阅读任务。）

解说：用比喻的修辞手法，将女兵比作"火凤凰""铿锵玫瑰""花木兰"，感受对女兵的敬佩。

Ⅱ.链接《体育又回来了》（《南方周末》）中的选段。

解说：运用比拟的修辞手法，赋予映秀镇以人的动作，用"512"汶川大地震强烈的震感，感受映秀镇因北京奥运会举行的热烈欢呼。

Ⅲ.链接《酷！动车组的"变形金刚"来了》（《人民日报》），运用借代的修辞手法，形象地表现动车组的灵活、新颖；2008年北京奥运会新闻如《"姚"旗呐喊战科比》《四届"老枪"瞄准金靶》《陈燮霞：岭南水乡飞出的金凤凰》等。

（2）介绍背景和结语

明确：并非每则消息都必须包含背景和结语。背景是对新闻事实的补充说明；结语是消息的最后一句话或一段话，有回顾全文、展望未来、留下悬念等作用。如果新闻主体已能清楚交代新闻事实，就不需要结语。

第三节　初中交际语境写作教学3

教材分析：本单元是统编版八年级上册的第六单元，写作部分的训练重点是"表达要得体"，即根据具体语境选择恰当的语言来表情达意。教材和教参涉及以下单元目标：第一，指导学生根据表达目的、读者对象、应用场合得体地表达；第二，指导学生在写作中恰当地使用词语、句子，做到表达得体；第三，初步了解劝说信、倡议书等实用文体的特点，选择得体的表达方式和内容。笔者结合教材、教参，结合第五章提出的教学策略，以"劝说信"的写作为例，学习"表达要得体"，具体教学设计如下：

一、"劝说信"写作教学设计

（一）教学目标

1. 了解书信体的写作的格式，能熟练地进行书信体写作
2. 能够根据劝说的目的、读者对象、应用场合、文体特点进行写作
3. 掌握劝说的方法和技巧，并能灵活运用于写作

（二）重点难点

能够根据劝说的目的、读者对象、应用场合、文体特点进行写作

二、"劝说信"写作教学过程（两课时）

（一）第一课时

1. 联系生活，创设情境

邹老师收到咱们班一位署名为"一条爱看书的毛毛虫"的求助信，内容如下："邹老师，我特别喜欢阅读，但是我的爸妈不仅不允许我看教材之外的书籍，也不给我购买教材之外的书籍，他们认为学生能把教材搞懂了、分数考高了就足够了。我已经试图和父母沟通好多次了，但几乎没有效果，我该怎么办？"该如何劝说他的父母，同学们能帮帮这条"爱看书的毛毛虫"吗？

2. 理解"劝说"，把握写作方向

幻灯片展示"劝说"的释义：说明道理，使人赞同自己的观点；通过语言感染读者，使人赞同自己的观点。进而引导学生可以从两方面进行劝说："说明道理"和"以情动人"。

3. 小组合作，分析写作任务

明确：写作身份为喜欢阅读的学生；读者对象为该生的父母；写作原因——父母不给买、也不让看教材之外的书籍；写作目的——父母支持阅读并且给自己购买课外书；写作方式——劝说信。

4. 小组合作，分析写作内容

明确：列举优点——向父母列举阅读课外书的益处；罗列缺点——罗列完全不看课外书的害处；举例论证——列举身边喜爱阅读的同学成绩优异并持续上升。

5. 范例分析，学习劝说技巧

师生共同总结，列举优点、罗列缺点、举例论证都能帮助我们劝说父母，但在具体的劝说过程中哪种表达方式更容易让对方接受呢？才能让对方心悦诚服地接受呢？语言十分讲求技巧。读经典故事，悟劝说技巧。

(1) 多媒体展示：故事一

初中生小梅有几乎能遮住大半张脸的长刘海。妈妈道："你这刘海，半张脸都看不见，快点去给我把刘海剪短！"小梅听后十分生气并和妈妈大吵了一架。邹老师了解到情况，说："小梅，老师发现你的眼睛非常清澈明亮，额头也很光洁饱满，但几乎都被你的长刘海给遮住了，还容易造成近视眼呢！如果有时间这周末去把刘海修得短一点吧！一举两得。"星期一回来，小梅的刘海短了许多。

小梅为什么对妈妈的话置之不理，却愿意听取语文老师的建议。

明确：生生讨论，师生共同总结：用语委婉，赞美对方相关的优势。

(2) 故事二

一辆客运列车，为了让乘客在冬天随手关门在每一节车厢里都贴了一张告示："为了你我的温暖，请随手关门"，但收效却不大。后来，一个小乘务员将告示改成："为了您自己的温暖，请随手关门。"从此之后，基本人人都能做到随手关门。

同样是提醒乘客"随手关门"，为何两个告示的效果差距如此之大？

明确：生生讨论，师生共同总结，得出劝说的技巧之二：换位思考，从对方的角度表达。

(3) 故事三

一个家庭困难的小女孩想拥有一条花裙子，她没有苦苦哀求母亲，只是有些委屈地对母亲说："妈妈，您见过从来没有穿过裙子的女孩子吗？"这句话，一下子让母亲十分心软，"女儿的话让我心里一酸，甚至觉得有点对不起她，做母亲的即使再苦再累，也不愿意委屈自己的孩子。"

为什么这个家庭贫困的小女孩能够成功劝说母亲给她买花裙子？

明确：生生讨论，师生共同总结，得出劝说技巧之三：适当示弱，唤取对方的同情。

(4) 故事四

蔺相如说："以秦王的威严，我蔺相如在朝堂上斥责他，辱骂他的诸位大臣，我蔺相如就算没用，难道会单单害怕廉将军吗？只不过我考虑到，强秦之所以不敢进攻赵国，就是因为武有廉将军，文有我相如，假如我们不睦，就会影响赵国的整体国力，所以我之所以处处避让廉将军，是以国家利益为先而以私人恩怨为后。"后来，廉颇知晓了蔺相如的心意，十分触动又羞愧难当，脱掉衣服背上荆条，通过蔺相如的宾客来到蔺相如门前请罪。

引导学生思考蔺相如的话究竟有何魔力，能够让廉颇不但不和自己作对，反而主动向自己负荆请罪？

明确：因为他说的话有理有据，蔺相如这样做是为了赵国，而廉颇也是一个赤胆忠心的爱国志士，听了这番话，既惭愧又佩服。生生讨论，师生共同总结，得出劝说的技巧之四：以理服人，使人心服口服。

6.范例分析，学习劝说格式

（1）日常生活中，难免会遇见令人烦心的事、看不惯的人，我们该如何处理这样的人和事呢？憋在心里？大吵一架？通过这节课的学习，我们用一种更为理性、有效的方式——写劝说信。

（2）创设情境：司机老李在接女儿小李放学的路上，在没有监控的路口多次违法闯红灯，女儿小李多次劝说无果。引导学生思考，如果你是小李，你想写一封信劝告你的父亲，你会怎么写？

（3）五分钟后，发放教师作文:《给爸爸的的一封信》(具体略)，引导学生思考总结，这封信好在哪里？劝说信的基本格式是？

明确：生生讨论，师生共同总结：

①劝说信格式

②这篇劝说信的优点：关注劝说对象，用语礼貌委婉；正反两个角度，并辅以相关实例；以情感人，以理服人；中间部分的每一段开头都设有中心句。

(二) 第二课时

1.复习导入

师生共同回顾，梳理"课外书劝说信"的写作内容、格式、技巧。

2.课堂写作

(1)学生草拟写作提纲并在小组内讨论。

(2)根据讨论结果,调整提纲,开始写作。

(3)教师巡查,为写作困难的同学提供帮助。

3.作文评价

先参考写作评价清单自评,再在小组内进行互评。

4.作文修改

学生根据自评、他评的结果进行修改,教师总结普遍存在的问题,对个别同学提供有针对性的指导,反复修改,直至满意为止。

第四节 初中交际语境写作教学4

一、细化文体,交际应用

(一)以部编版八年级《藤野先生》《回忆我的母亲》《列夫·托尔斯泰》《美丽的颜色》为例

1.教材分析

"学写人物传记"是部编版教材八年级下册第二单元写作要求,本单元四篇课文有回忆性散文《藤野先生》《回忆我的母亲》,也有传记《列夫·托尔斯泰》《美丽的颜色》。单元导语中,明确提出了解回忆性散文和传记的特点,比如内容真实、事件典型、注重细节描写等学习要求。在第一篇教读课文《藤野先生》的课后第三题,引导学生思考:"本文题为《藤野先生》,可是作者还用了大量篇幅写和藤野先生无关的见闻和感受,你认为写这些内容有什么作用?"

引导学生明白文章意在突出回忆性散文的作者经历和情感变化。在第二篇教读课文《回忆我的母亲》中,课后第三题也要求:"联系上下文理解议论性语句的含义及作用。"突出回忆性散文中的作者观点，引导学生思考不同语境中，同一表达方式的作用差异。而在自读课文《列夫·托尔斯泰》阅读提示部分，编者强调：文章内容聚焦传主外貌，运用欲扬先抑的手法形成全文巨大反差，语言方面"作者驰骋想象，大量运用比喻和夸张"。这与第二篇自读课文《美丽的颜色》叙事风格有较大差异，前文集中描写传主外表，进而和灵魂产生反差，留给读者深刻印象，后文意图由较为细致的叙事，展示传主心理感受，增添传记真实性。本单元文章在同类文体间，存在语言风格差异，在同一文体间，也存在表达方式及内容差异。

2. 教学设计思路

在本研究中涉及的两次微写作教学设计，分别体现教学目标聚焦化，教学实施语境化和教学评价交际化策略，本课主要运用教学实施语境化策略。总结上一课时课后微写作情况，即大部分学生已掌握传记文体基本特征——真实性、典型性，但忽略了想象的合理。据此典型问题，本课时教学内容聚焦于选择符合交际语境的文体、语言风格，利用微型例文对比，让学生自主进行鉴赏评价，并通过修改存在典型问题的微写作，提升表达运用能力。

3. 教学流程

（1）回顾上一节课所学：传记文体有什么特征？传记写作中，如何突出特征？

明确：真实性、典型性特征。

如何突出真实性：涉及时间、地点及人物、事件做到准确；适当引用可靠资料；如何突出典型性：选择事件要突出传主特征。

（2）解决上节课学生作品中的典型问题：传记中的想象是否合理？

先出示原文：玛丽身体前倾，热切地望着，她此时的姿势，就像一个小时前在她睡着了的孩子床头看着孩子一样。伴侣用手轻轻地抚摸她的头发。

再出示改动后的例文：玛丽身体前倾，热切地望着，她的金包卷发垂落到肩头，并不华丽的衣服此刻因为镭的微光而镀上了光芒。她此时的姿势，就像一个小时前在她睡着了的孩子床头看着孩子一样。伴侣侧过身子，把目光从镭处挪走，用手轻轻地抚摸她的金色卷发。

问：教师将《美丽的颜色》的细节描写改得更加细腻，学生们觉得是否更有画面感了？这个版本是否更好？

明确：对比传记和回忆性散文的差别，（除却自传）传记内容大多不是亲眼所见，所以想象部分需要减少，细节描写只需稍加点染。在传记中，让人物"自行"展现思想感情、性格特点。

修改交流：出示两份学生微写作（一份毫无细节描写，一份细节描写过多），全班交流修改建议。

（3）利用微型例文，以读者感受为基础，区分回忆性散文和传记表达方式区别：

站在读者角度，分析无括号内容的版本和原文版本（后出示有括号内容的原文）：

母亲（这样地）整日劳碌着。

这类（地主富人家看也不看的）饭食，母亲却能做得好吃（使一家人吃起来有滋味）。

母亲年老了，但她（永远）想念着我，如同我（永远）想念着她一样。

——《回忆我的母亲》

（设计意图：便于学生对比，感受回忆性散文中突出的情感表达。）

仔细读以下两段微型例文，小组讨论：作为读者，你认为哪个人物读起来更辛苦？你的理由是？

她独自一个人就是一家工厂。

她写道：我一次炼制 20 公斤材料，结果是棚屋里放满了装着沉淀液的大瓶子。搬运容器，移注溶液，连续几小时搅动熔化锅里沸腾着的材料。

——《美丽的颜色》

母亲是个好劳动的人。从我能记忆时起，总是天不亮就起床。全家二十多口人，妇女们轮班煮饭，轮到就煮一年。母亲把饭煮了，还要种田，种菜，喂猪，养蚕。纺棉花。因为她身体高大结实，还能挑水挑粪。

母亲这样地整日劳碌着……记得那时我从私塾回家，常见母亲在灶上汗流满面地烧饭。

——《回忆我的母亲》

（设计意图：在读者角度，分析相近文体细微差别。回忆性散文侧重作者主观感受，在《回忆我的母亲》中不仅记叙事件，还有表达作者观点的少量议论，如"母亲是个好劳动的人"。相比于传记，回忆性散文对事件记叙也更加详细具体，如"母亲在灶上汗流满面地烧饭"让读者更有代入感，在交际目的层面，意在感染读者、产生共鸣。传记则侧重突出传主形象和品格，记叙事件少用议论，也无过多描写。如《美丽的颜色为例》引用传主言论，相比回忆性散文更加客观真实，但对于读者而言，代入感相对减弱。）

（4）全班交流：每篇文章的不同交际意图。小组制作表格，在本单元选取微型例文，整理作者由交际意图导致的写作内容、表达方式、语言风格不同。

（5）微写作布置：在上一节课后微写作练习中，得到A+等级的学生为家人写作一篇小传，得到A或B+的学生修改上节课作文，并再次为身边的学生写作小传（可换一位学生创作），其他学生到教师处面改，并再次创作。

（二）教学反思

对于上一课时出现的典型问题，在本节课的口头修改活动中，学生反馈较好，但在课后微写作中，仍有少部分学生无细节描写，可见问题并未得到针对性解决，学生还需要加强读者意识，及作为作者的交际意识（针对学生存在的典型问题，笔者在下一课时教学设计中，利用明确的评价要素，让学生自检、互查，加深理解，得以突破。此突破在下课时学生实际微写作成果中，得以体现）。

针对本节课教学，在连续的微写作课程中，乐于回答问题的学生表达质量有明显提升，较少回答问题的学生也有了更多话说，可见微型例文和微写作对学生来说，理解、操作难度更低。但学生的整体交际能力还有待提升，相比于上节课，学生活动成果质量更高，可见在活动成果的转化环节，利用表格和示例等教学支架的必要性。

二、教学评价交际化

为让学生在微写作学习中，全面提升写作水平，还需要多样的评价方式，交际化的评价过程。评价标准突出交际语境要素，提升学生交际能力，并针对本课教学目标，让评价环节具有针对性，内化本课所学。

（一）关注交际要素，制定科学评价标准

为贯彻微写作教学针对性，教学评价需对位微型教学目标。为提升学生实际交际能力，还需在评价要素中贯彻交际语境要素。由此，师生需结合两者，在评价环节共同探讨、生成科学评价标准。在阶段性微写作课程结束后，为测评阶段目标落实情况，则需要教师宏观考虑本阶段教学目标，并结合交际语境要素，制定更能体现整体能力要求的评价标准。

结合个人教学经验，可融合交际语境写作要素，从思想内容、结构和风格、措辞及用句五方面，提出评价标准，并进行梯度划分，方便不同写作水平的初中生自主修改。

（二）提升交际能力，丰富评价交流方式

1、教学评价强调交际能力

首先，初中微写作练习命题内容要体现交流意识。符合初中生认知水平之余，体现逐渐倾向思辨性的命题趋势。其次，在追求文体明确的微写作教学中，命题不能倾向单一文体。最后，命题不仅要有针对性地测评课堂所学，还要考虑学生能否将所学用于课堂之外的交际。

以郑桂华老师的教学设计为例，受乔伊斯发散性思维训练启发，结合

学情将写作概念简化，把类比思维提炼为：把某一话题具象化的能力。教学目标即让初中生选择恰当物象，把抽象话题具象化。并选择上海考题"跨过这道坎"作为本课对应练习，学生需将"坎"抽象化为生活中的困难，再具象化为事件。笔者将这道题用于微写作教学实践，发现写作内容有：跨越了家长不让玩手机的"坎"；跨越了学校不让带零食的"坎"等。可见未考虑读者对"坎"的认知，需在自评环节，强调将抽象的"坎"化为写作内容时，能否跟读者对"坎"的跨越取得共鸣。

2、在评价中提升交际能力、微写作质量

首先，教学评价优先采用自评和小组合作形式，以量化标准突出读者、文体要素。重视文体和语境关系，在要素考量中加入能据文体特征调整的项目，小组成员兼顾作者和读者体验。结合个人教学经验，自评缺乏统一的量化标准，易导致低效。教师可提供示范，结合小组合作，让学生自主制作评价标准，较符合初中生认知水平、操作能力。

3、科学、灵活的教师评价、评判策略

首先，教师可利用颜色标注等级等形式，分层修改微写作成果，让评价结果更具有激励作用。其次，考虑到初中生心理需求，有针对性、分等级的评价，能提供更丰富的情感体验。教师评价对于学生而言，是习作的指导和参照。如果只留下等级或过于简单的评语，长此以往，学生不能从评价中了解到真实写作情况，还会在心理上对微写作失去兴趣。

其次，教师可优先评价本课所学。除此之外，教师还需在习作中提取典型问题，面对复杂的学情，适当进行学情搁置，选择普遍存在的问题，规划阶段性教学内容。但根据问题类型和修改难度，在规划上要有所区分：将教学价值较大，需要深入教学的内容，有计划地嵌入本阶段或下一阶段目标中；对于易改正的微写作问题，则直接反馈，学生自主修改。

再次，教师需兼顾个体情况、习作过程和写作成果等维度，教授修改方法。起点是个体情况，教师评价要考虑学情差异，评价目的是让学生实现自我认知，扬长避短。其次，实际写作过程中，教师需及时选取有代表性的习作，分享交流。除此之外，还需关注评价后续成果，提供切实可行的修改方法：其一是搁置法，让学生合理安排修改时间，优先修改自己认为难度较低的部分；其二是案例法，适当提供其他学生优秀作品或修改案例，让存在问题的学生参照学习，自主优化或询问组内优秀成员。其三是自我问询法，教师可单独提问，或在评语中留下问题，让学生自省并修改。

第八章　高中交际语境作文教学与案例

第一节　高中交际语境写作教学 1

记叙文就是以叙述、描写、抒情为主要表达方式，写人、记事、写景的一种文体。记叙文写作是一种基本写作样式，在小学和初中一直都占据着重要地位，但到了高中，却受到忽视，常作为议论文写作的奠基，成为初高中写作的一种过渡和衔接。其实，记叙文写作和日常生活息息相关，可以丰富高中生情感体验，促进身心健康发展。"进一步提高运用记叙、说明、描写、议论、抒情等表达方式的能力，并努力学习综合运用多种表达方式，力求有个性、有创意地表达。能推敲、锤炼语言，表达力求准确、鲜明、生动，是新课标对写作教学的要求。善于观察生活，从生活中汲取营养并综合运用多种表达方式是写好记叙文的基础。

高中生记叙文写作存在情感虚假、内容空洞无物、缺乏读者意识等问题；写作教学上则是缺乏交际语境，缺乏写作教学支架，缺乏过程指导。高中交际语境记叙文写作教学在提高学生语言文字运用能力的基础目标上，着重培养学生表达真情实感的能力，力求营造交际语境，从交际语境要素出发，联系生活实际，丰富写作内容，改变记叙文写作缺乏具体情境、过程缺位的现状。

一、写作话题：心音共鸣——写触动心灵的人和事

二、写作文体：记叙文

三、写作教学目标

（一）走进生活，增强对生活的感受力，学会捕捉小事，从小处着笔，崇尚真实，发掘感动点。

（二）提炼写作素材，抓住细节，熟练运用描写手法形象地再现触动心灵的人和事，打动读者，和读者进行心灵的真诚对话。

（三）注重写作内容的生成，学会整体构思，抓住某一点展开叙述和描写。

四、重难点：善于捕捉动情点，发掘感动点，抒发真情实感。

五、教学过程

（一）观视频，明不同，启迪学生思考

播放视频"姚明灌篮""流川枫灌篮"的视频，让学生感受"生活时间""艺术时间"的不同。

"姚明灌篮"只有短短24秒，是生活时间的再现，而"流川枫灌篮"却长达189秒钟，这是艺术时间。两个视频之间的区别就在于把时间拉长了。怎么才能把令你感动的那一瞬间和难忘的某个细节写出来，就需要把时间拉长。

（二）纠意识，树信心，激发学生表达欲望

写作是与读者进行的一场心灵的对话，怎样才能让读者产生共鸣，打动读者呢？歌德曾说："没有感情也就不存在什么真正的艺术。"正因如此，笔尖流淌真情，魅力方能无限。记叙文要打动读者，靠的是真情实感，生活是写作的源泉，并非著名作家才能写出打动人心的作品，日常生活中的美好的人和事也能触动我们的心灵并有感而发。事实上，我们与著名作家的区别是，著名作家可以从平凡的生活中感受到令人心动的东西并把它写下来和读者分享。人非草木，孰能无情？相信同学们一定也有触动你心灵的人和事，仔细回忆，不要吝啬，写下来和大家一起分享吧。

(三) 品范文，悟真情，学习记叙文写作技巧

什么样的作品才能引起读者的情感共鸣？

出示范文带着学生一起品析，总结方法，学习记叙文写作技巧。

1. 黄方国《父亲》片段

2. 三毛《背影》片段

3. 丁立梅《母亲的心》

4. 史铁生《我与地坛》片段

师生从交际语境六要素出发，明白话题和文体一致，不同作者目的不尽相同，语言表达也会各异，共同总结范文对记叙文写作的启示：

①具体有细节才真实可感，真情实感往往要通过具体的形象来体现。

②记叙文真情实感大都是从平凡生活中来，崇尚真实、摒弃假大空才能感人，我们要学会从生活中寻找写作素材。

③要结合自身独特的生命体验，写出属于自己的文章，写得真实、细腻才能感人。要努力寻找动情点，着眼于小和真，切入口要小。

(四) 问题探究：如何才能将感动的时间拉长？

学生意识到，写作的艺术时间和生活实际需要的时间是不同的，那么如何才能将时间拉长，写出感动的瞬间呢？教师给出知识支架：拉长时间的三种方法。

以黄乃琴同学在《平凡而伟大》一文为例。

1. 制造悬念。从读者效果角度考虑，使用倒叙等手法制造悬念可以激发读者阅读兴趣，增强文章可读性，更好地达成交际目的。

"穿着亮丽的白色衣服，干净，整洁，这是世人对白衣天使的最初印象。可我小时候对医生并没有什么好感，只记得他们面目狰狞，常常拿着针筒扎人。直到弟弟这个小生命的出现，才不再畏惧医生。"

开头通过制造悬念激发读者阅读兴趣，读者不禁想"为何弟弟的出现让小作者不再畏惧医生？发生了什么事？"

2. 充分运用多种描写手法，如用环境描写渲染心情或烘托氛围，用外

貌描写、神态描写、语言描写、心理描写、动作描写等正面描写方法刻画人物，用细节描写凸显细节，用侧面描写间接表现人物性格特征等。

"小新在吗？"急促又熟悉的声音从门口传来，是爸爸，我一脸茫然地看着他，只见他眉头紧锁，脸上渗出了细密的汗珠，他并没有多说什么，和老师请了假就领着我往医院奔去了。

家人们都在产房前等待着，或是额头上有着豆大的汗珠，或是焦急地踱着步子，一个个神情紧张。原来是仅怀胎七月的妈妈要剖腹产了，情况并不乐观。我脑海中浮现出了一幅幅妈妈凄惨又虚弱的画面，我不敢再想下去了，手心直冒汗。终于，门开了，医生会心一笑，"母子平安"这四个字让大家悬着的心终于沉了下来。

这段充分运用多种描写方法，写出了弟弟出生前全家的紧张，刻画了多个人物形象。

3.充分运用联想，展开合理的想象。联想让记叙文变得更具有文学色彩，也增添了故事本身的韵味。

看着医生离去的背影，我百感交集。我站在窗口，微风徐徐地拂过脸颊，调皮的阳光在四周跳跃着，一股暖流涌过心头。我的心像是被什么触动了似的，脑海里浮现出一幅幅画面，他们正轻抚婴儿的脸庞，嘴角上扬；他们正步履匆忙连口水都来不及喝就得赶赴下一场手术；他们耐心倾听每一位患者的心声，轻声安慰患者的情绪……他们创造了许多不平凡。

看着那伟大，我也幻想着，成为一名医生，穿着一袭白衣，去实现那只属于自己的平凡与伟大……

这段文字展开了合理的想象，发挥联想，丰富了医生的形象，结尾的联想又升华了主题，传递了真善美。

（五）各抒己见说感动与细节

1.在日常生活中，在座的各位又有哪些令你感动的瞬间呢？不妨说出来和同学们分享吧。

同学1：爷爷费尽千辛万苦给我买到了梦寐以求的鞋子，还精心地包好，像小孩子似的展现在我面前的那一刻，我至今记忆犹新。

同学2：在一个凛冬时节，我和我爸吵架了，接我回家的路上我们都默不作声，等红绿灯就觉得时间很难熬，两个人穿得很少，都很冷，但是爸爸一直哈气暖手，最后伸向了我，指尖传来的那一份温暖带我度过了好几个寒冬。

同学3：我发现我的被子总是在向阳的一面，它仿佛长了脚，太阳动，我的被子就跟着动，原来是妈妈为了让我睡得香一点，根据太阳的位置把阳台上的中间让我，而她自己的被子却总是在最不起眼的位置上。

同学4：我喝的热水总是不热也不冷，温度刚刚好。直到有一天才发现，妈妈不停地给我的杯子换水，还小心翼翼地倒出一点用手指试水温，只为了让我喝上温度刚好的水。

同学5：我的母亲，无论什么时候都在默默地关心我。母亲的呼吸声总能莫名地带给我安全感，我和母亲一起入睡，听见母亲的均匀的呼吸声，我就知道母亲睡着了，但哪怕是睡着了她也会不自觉地把我的脚抱在怀里，给我盖好被子，这个下意识的动作让我感动至今。

设计这个环节主要是激发学生的表达欲望，也让学生初步明白话题和文体相同，作者和目的不同，言语表达也会不同，分享的过程也是为作者提供真实读者的过程。"感动与细节"这一话题的选择是贴近生活真实的，用说这一形式既可以调动学生已有的经验，又打开了学生的思路，课堂营造了一种平等对话交流的氛围，学生在倾听别人的发言中唤醒了情感经验，降低了写作的难度。

（六）课堂小练笔，把握交际语境要素，学会拉长时间

不难看出，大家都对日常生活有一颗善于观察的心，这些素材挖掘得不错，那么怎样才能达到交际目的，增强文章可读性，写得更感人，感动读者呢？现在拿出作文本，给大家15分钟，尝试拉长时间，只写那个令你感动的瞬间或者是记忆深刻的细节，尝试写一小个片段，要求运用总结的方法将时间拉长，描写生动传神，把事情或者瞬间描写得更细致些。写完后请读给全班同学听，听听读者的意见。

1. 学生课堂现场写作1

场景：因父亲多次错过我的表演活动，我和父亲闹别扭。父亲接我回家，在寒冷的冬天，我和父亲都穿得很少，一起等红绿灯时，我们像陌生人一样互不言语。

片段：我一直偷偷地用余光看他，只见他从口袋里掏出黝黑的双手，放在嘴下，长长地哈了一口热气，然后迅速地摩擦双手，这几个动作他又连着做了好几次。他好像要把手伸过来，我没敢动，索性把余光也收了回来，转去看红绿灯。这时，指尖传来一丝温暖，手心流入一股暖意，一只厚大粗糙的手紧紧地握着我被冻得通红的手，手掌上的老茧硌得我直痒痒，指尖的皮肤跟枯老的干树皮一样，皱巴巴的，似乎能把我的手磨出血来。这是打我记事以来第一次牵着父亲的手，也是第一次触摸到这样粗糙的手。绿灯亮了，我的视线却模糊了，只听见父亲不冷不热的声音："我们走吧。"我就这样任由他牵着我的手，一肚子的闷气也随着雪花融化了，所有的委屈也飘向了远方。

2. 学生课堂现场写作2

片段展示

"你的橘子甜不甜啊？怎么长那么小一个？"一个沙哑的声音从我的耳旁传来。我仔细打量着他，他的眼睛好似蒙了一层薄薄的雾，只见他略微眯着眼，拿起一个橘子左瞧瞧右瞅瞅，又放下了。那双树皮一样的手在众多橘子中游走，却总没有称心的，拿起一个又放下，最终他挑中了一个表皮微黄的，剥开，取出一瓣慢悠悠地放进嘴里，紧接着眉头一皱，抿一抿嘴，又把橘子放下了。这时，近处的橘子已经满足不了老爷爷了，他开始将"魔爪"伸向远处，抓了几个，先是把抓来的橘子仔细地看一看，轻轻地捏一捏，生怕拿到坏的，检查完后，又开始尝起来了。但他每个橘子他只取走一瓣，倒是有些"弱水三千，只取一瓢"的意味了。就这样，老爷爷站在水果摊旁，完成了试吃十几个橘子的"壮举"，我心想："这老头子，尽知道占人便宜，小本生意也不容易啊。"老板却一点也不着急，笑嘻嘻的。打秤时，果然，那些被尝过一瓣的橘子成群结队地躺在一边。老头敲一敲脑袋，像是想起什么事似的，忙把尝过的橘子一一装进口袋称……看到这，我的脸一阵红一阵白的，也默默地把自己尝过的橘子放入口袋。

3.学生现场写作评价

两个片段都围绕着"感动的瞬间或难忘的细节"这个话题展开，都具有较强的交际意识，牢牢地抓住了读者的眼球，将生活时间拉长成为艺术时间。

作品1的作者身份是一名领悟到平凡生活中父爱伟大的"小棉袄"，作品牢牢围绕这一身份展开记叙和描写，具有极强的身份意识。而写作对象是自己的父亲，读者比较广泛，可以是父亲、自己，也可以是广大师生。写作目的是记录自己的感动的瞬间，和读者分享这份感动。为了达到这一写作目的，作者选取的是生活中一个普通的场景，充分运用多种描写方法，抓住细节，为我们呈现了一个感人的小故事，言语表达上朴实真诚，拉长了感动的瞬间，增强了文章可读性。

作品2选取了生活中买橘子时不寻常的一个场景，作者的身份是一位购买橘子的买家，写作对象是另一位年迈的老爷爷，即另一位买主，读者也比较广泛，写作目的是和大家分享自己买橘子时难忘的一幕，给读者启迪。为了达成这个交际目的，作者选取了生动形象的言语表达，素材的选择上选取自己的真实经历，增强了文章的真实性，技巧上运用比喻、欲扬先抑、以小见大等修辞手法。

总之，在六个交际语境要素的统摄下，两个语段都很好地达成了交际目的，是优秀的记叙文写作。

（七）拓展思路，谋篇布局

其实同学们通过观察生活，已经积累了相应的素材，也掌握了片段描写的方法，但是对于谋篇布局还有所欠缺。

教师给出记叙文写作问题清单如下：

1. 我的文章标题是?

2. 我的读者是?

3. 我的写作目的是什么?

4. 我最感动的一件事或者难忘的细节是什么?

5. 文章开头打算写什么?

6. 哪部分内容需要详写? 哪部分略写?

7. 写作视角有第一人称、第二人称、第三人称等,我打算用哪种叙述视角?

8. 关于拉长时间有三种方法,分别是描写、联想和悬念,我会选择用哪些?

9. 描写分为人物描写和环境描写,我将运用哪(几)种,想突出什么特点/表达何种情感?

10. 叙事方式上,有顺序、倒叙、插叙,我会选择用哪种?

11. 我能从这个事情上得到什么启示?

12. 为达到感动读者、分享经历等目的,我将会选用何种言语表达?

教师指导学生进行整体构思,同时给出写作构思支架,以思维导图的形式进行简要的构思,为记叙文写作铺路,有效解决不会写和没有内容写等问题。

第二节 高中交际语境写作教学 2

议论文是高中写作最常用的文体,一直占据着重要地位,议论文写作教学对发展辩证思维、逻辑思维等思维能力,提升思维的深刻性、批判性等思维品质发挥着重要作用。日常写作教学中,常出现以写代教、课堂教学模式化的问题,学生也因为缺乏交际意识套作现象严重,议论浅薄。议论文写作教学要注重对学生思维过程和思维方法的引导,给学生提供思维支架，嵌入写作过程指导，培养科学和理性精神。思辨性阅读与表达学习任务群中要求写议论文要"学习表达和阐发自己的观点，力求立论正确，语言准确，论据恰当，讲究逻辑。学习多角度思考问题。学习反驳，能够做到有理有据，以理服人。"高中交际语境议论文写作从交际语境要素出发，给学生提供思维支架，激发学生表达自己独特见解的欲望，鼓励学生进行有个性的自由表达，对培养高中生思维品质具有重要作用。

一、教学目标

（一）了解议论文文体特征，并在写作中熟练运用。

（二）学会分析材料，明事实、抓观点，善于在材料中提炼观点，以读者为中心，掌握拟标题技巧。

（三）学会列提纲，阐述分论点。行文过程能做到有理有据、说理要深刻，使读者信服。

（四）关注交际语境要素，树立交际意识。

二、教学方法

情境教学法、交际讨论法

三、教学重难点

围绕交际语境要素展开论说，学习如何论证。

四、教学准备

要求学生提前观看央视春晚的小品——《占位子》，思考这一社会现象背后的原因。

五、教学时长——3课时

六、教学过程

（一）第一课时

1. 现象导入，引出话题

近来，明星因抢占中心位频上热搜。同学们，关于中心位，你们怎么看呢？相信大家看完小品已经有了一定的感悟。

（设计意图：通过近期现象顺利引出写作话题中心位）

2. 创设交际语境，引出写作任务

出示写作任务如下：

阅读下面的材料，根据要求写一篇文章。

"现在在班里的位置，就决定着将来在社会上的位置。在央视春晚上，小品《占位子》，讲述了各路家长使出浑身解数抢占教室"C 位"的故事，引发众人热议。

C 是英文"center"的缩写，意为中央、正中心。"C 位"指中间位置、重要位置或核心位置的意思。

面对 C 位现象，你有怎样的联想和思考？请联系生活实际，围绕材料内容和含义，写一篇议论文。

要求：选好角度，确定立意，自拟标题；不要套作，不得抄袭；不少于 800 字。

3. 分析交际语境要素

（1）怎样才能写好议论文呢？

明确：议论文三要素、掌握一定的论证方法、议论要有针对性等。

（2）带领学生分析本次任务情景中的交际语境要素：读者、作者、写作目的、话题、言语表达、文体等要素。让学生明白，语境不同，相对的交际语境要素也会随之改变，写作必须结合具体的语境。

4. 组织教学活动

（1）分析材料：明确事实，判断观点

事实：即材料描述的现象。在央视春晚上，小品《占位子》讲述了各路家长使出浑身解数抢占教室"C 位"的故事，引发众人热议。

材料讨论的观点："现在在班里的位置，就决定着将来在社会上的位置。"

任务：面对 C 位现象，你有怎样的联想和思考？请联系生活实际，围绕材料内容和含义，写一篇议论文。

要求：选好角度，确定立意，自拟标题；不要套作，不得抄袭；不少于 800 字。

（2）头脑风暴：互相讨论，各抒己见

教师给出思考方向，引导学生对 C 位现象进行深入思考。

（二）第二课时

1. 什么是 C 位？人们为什么要去争夺 C 位？

学生 1：材料中有答案，C 是英文"center"的缩写，意为中央、正中心。"C 位"指中间位置、重要位置或核心位置的意思。

学生 2：只有适合自己的才会叫 C 位。

教师引导：议论文写作时要注意对词语进行内涵的界定，这样有利于我们进行深入思考。

2. 请同学们仔细思考，"现在在班里的位置，就决定着将来在社会上的位置。"这句话是否正确？有没有可取之处？

学生课堂讨论结果记录如下：

学生 1：

位置无法决定效果。坐在教室 C 位的人就一定是全班学习效果最好的人吗？我看未必。"我们怎样定义一个人？是他所处的位置？不，是他前进的方向。"言犹在耳，真正决定成效的，永远是在前进的个体——他的所有付出与智慧。倘若位置能决定一切，人们对号入座，又按座位被分为三六九等，那么，人存在的意义是什么？人不是产品，人是一个个有独立的精神的个体。位置就像包装，相信没有人愿为徒有完美而华丽的包装与内部难以下咽的食品的结合体买单——金玉其外，败絮其中。是以，位置不能决定效果。

学生 2：

说实话，这个说法听起来着实有些可笑，这么说来，大山里的孩子就没有成功的吗？一切机会都是点自己争取的，你想得到"C 位"，也得有当"C 位"的资格吧，"C 位"指中间位置、重要位置或核心位置，但这也仅是一个名词，你若真想让孩子坐"C 位"为何不将孩子送去一对一呢？C 位仅是一个名词，在教室里更是如此，它决定不了你的成绩，它决定不了你的方向，更决定不了你的未来。一切的掌握权都在你自己的手上，未来是要靠自己去努力、去拼搏的。

学生3：

位置是相对的，事物的固有属性是运动，没有绝对静止的事物。一个人所站立的位置决定的并不是他的未来与前程，只是当下的生活现状与方式。我国阿里巴巴首席执行官——马云，毕业于杭州师范大学，一个在当时无比普通的本科学院，与所谓C位不着边际，可在普通的位置，却造就了一个顶尖企业家，暂时的位置又能代表什么呢？谁又能料到在如此普通的地方走出去的人，他日，竟在万千清华学子面前传授经验？

3.怎样才能占领C位？你从这个社会现象中领悟到了什么道理？

学生1："C位"是用实力创造的，用实力才能捍卫C位。

学生2：占"C位"是有实力的表现，一次占"C位"并不是什么了不起的事情，我认为只有靠持之以恒的努力和不断地磨炼才能久居"C位"，成为人生赢家。

学生3：占"C位"其实并不是一件容易的事情，它需要的是每个人对自己有清醒的认识，明白自己想成为什么样的人，然后不断地调整努力的方向，向着心中的目标前行，只有清楚地知道自己对"C位"的定义才能更好地拥有"C位"的风景。

(三) 拟写标题训练

我们常说"题好文章半"，拟个好标题可以给人耳目一新的感觉，增强读者的阅读体验，对更好地完成交际任务起到事半功倍的作用。

1.你会怎么拟标题？

2.你可以怎么拟标题？

标题代表自身观点、标题采用对偶句式、化用名言、古诗文等。

3.学生进行拟题训练，师生现场打分

4.以下是笔者从学生现场拟题情况选取的部分较为精彩的题目

（1）不为"C位"，只为坚守

（2）你若出彩，"C位"自来

（3）拒绝"C位"误导，精准自我定位

（4）怀瑾握瑜，何必C位

（5）中央的风景

（6）理性看待"C位现象"

5.进行写作策略教学，生成写作内容

（1）想一想，要写好这篇议论文，达到使读者信服你的论述的交际目的，我们应该考虑哪些方面呢？根据老师提供的思维导图将自己的思路扩展开来。

（2）学会列提纲，阐述分论点

分论点的关系有对比、并列、递进、综合等类型，你会选用哪种呢？请大家把自己的分论点列出来。

（3）学生个别提纲展示

①实力创造C位

脚踏实地，行稳致远，用努力接近"C位"。

专心致志，精益求精，以耐心博得"C位"。

奋勇拼搏，不畏险阻，凭实力捍卫"C位"。

②汗水铸就未来

只有经历风雨的洗涤，小草才会焕发翠绿的生机。

只有经过高温的燃烧，钢铁才会造就坚韧的锋芒。

只有经历过黑暗的人，才会懂得光明的来之不易。

③理性看待"C位"现象

客观来说，"C位现象"的确有其现实意义。

然而，我们同样需要慎重地看待"C位"现象。

事实上，一个人成功与否与是否拿到"C位"并无直接关系。

④你若出彩，"C位"自来

凡专心钻营捷径欲以"C位"加冕的目光短浅之辈，其结局只能是自食恶果。

何必汲汲于"C位"字眼？若真有卧龙之才，"C位"也将为你拱手以待。

应有激浊扬清之志气，守护心中金色之签，不为"C位"，只为不负初心所向。

走向卓越而非成功，"C位"将变成一份甜点而非桎梏。

（4）提供写作知识支架，学会论述

在生活中，要让读者信服我们提出的观点、看法等，就必须进行相应的论证，那么，论证要怎样才能有说服力呢？同学们互相讨论下。

（出示论据的使用这一知识支架，补充议论文写作相关知识）

（四）写作成果评价和交流

1.学生根据写作自我评价清单对写作成品自我评价，及时修改不足之处。

2.同学互评，每位同学都要参与，每份作文必须由两个以上学生评价。

3.教师评价，给出修改意见。

4.学生综合其他同学、教师、家长等多方读者的反馈再次进行修改。

5.将修改后的成品装订成册，分发阅读。鼓励学生将作品投稿到学校相关公众号或栏目。在班级文化角张贴优秀学生作品，将全班同学修改后前后的作品上传到班级网站，供其他读者阅读和点评。

第三节　高中交际语境写作教学3

一、设计背景

我国是诗歌的国度，诗歌历来有"文学之母"和"语言的钻石"的美誉。无论是古代诗歌还是现代诗歌，都是语文教学重要的组成部分，读诗时，心中总能产生一种情愫，让心灵得到净化，精神得到升华。诗歌阅读和写作对提高学生的审美鉴赏能力，对全面提升语文核心素养有着不可或缺的意义。现代诗歌是语言智能化的体现，与我们的日常生活息息相关。现代诗歌用白话文写诗，摆脱了古典诗词条条框框格律的束缚，是现代人表达情感的一个重要载体。诗歌与青少年有着天然的不可分割的联系，现代诗歌写作为青年表达丰富的情感打开了一扇大门。

但我们在写作要求中总能看到"体裁不限，诗歌除外"这样的字眼，诗歌这一体裁在整个高中阶段基本被排除在写作考试系统外，诗歌写作的价值在语文考试中不断地消解。近年来，随着新课改的深入，考试中对写作文体的要求上已经逐渐解除了诗歌写作文体的限制，但在应试的压力下，不写诗歌已经成为学子们的一致选择。如何正确看待现代诗歌写作，让诗歌写作发挥其应有的价值，使其成为日常写作教学的一部分是语文教育者亟需思考的问题。

教师要"引导学生自主创建各类社团，开展各类语文学习活动，如读书交流、习作分享、辩论演说、诗歌朗诵、戏剧表演等。"尝试在日常语文课中进行交际语境现代诗歌写作意义非凡，对培养和发挥学生想象力、增强写作个性化和交际性有重大作用。"了解诗歌、散文、小说、剧本写作的一般规律。捕捉创作灵感，用自己喜欢的文体样式和表达方式写作，与同学交流写作体会是新课标对写作文体多样化的要求，现代诗歌写作本是语文写作教学应有的一部分，尝试创作现代诗歌是获得审美体验，提高审美鉴赏与创造能力的必要途径。

二、设计意图

诗是一种由意象和意境构成，能引起读者想象，唤起情感共鸣，带给读者强烈审美体验，且具有音乐韵律美的文学体裁。而现代诗歌和学生的日常生活十分接近，对处于青春期的高一学生来说无疑是进行书面交流的不错选择。进行交际语境现代诗歌写作的尝试，并不是为了把学生培养成诗人，而是在丰富写作文体的同时，带给高一学生一种诗意的体验，让学生领略现代诗歌的魅力，更好的感受诗意的语言，提高写作思维、激发创造力，对写作产生兴趣并乐在其中，在创作的过程中逐渐形成有个性的语言。因此，交际语境下的现代诗歌写作教学对于丰富写作文体、展现学生的个性情思和才华有着非凡的意义。进行高中交际语境现代诗歌写作教学的目的是为了孕育诗情，让学生对诗歌写作有一个初步的了解，激发学生进行文学创作的兴趣，获得自我效能感。

三、教学目标

（一）初步了解现代诗歌写作的一般特点，深化学生对现代诗歌的理解。明确本次现代诗写作对象，激发学生创作兴趣，增强写作动机。

（二）掌握现代诗歌写作的基本技法。注意分行，学会选取合适的意象，能够运用所选意象表情达意。语言适当讲究韵律，适当运用艺术手法。根据读者和写作目的等调整言语表达，培养学生想象力和创造力。

（三）提高艺术品位，丰富审美情趣。自选主题，尊重作者，明确写作目的，充分发挥联想和想象，大胆地进行现代诗歌创作尝试。

四、教学方法　情境教学法、交际讨论法、讲授法

五、教学重难点

重点：通过设置真实的写作情境激发学生的诗意，了解现代诗歌常见的手法和意象，在仿写中进行诗歌写作的初步尝试，在自主创作中品味诗歌写作的乐趣。

难点：选取合适的意象，运用个性化的语言自如地表达情感。

六、教学准备

（一）学习资源

王力《诗词格律》、戴达奎《现代诗欣赏与创作》

威廉·卡洛斯·威谦姆斯［美］《便条》

徐志摩《再别康桥》《沙扬娜拉》《雪花的快乐》

戴望舒《雨巷》

卞之琳《断章》

林徽因《你是人间的四月天》

顾城《远和近》

汪国真《弹琴的女孩》

冰心《相思》

林武宪《鞋》

雪莱［英国］《致云雀》

（二）课前准备

熟读学习资源中给出的诗歌，自己也可以进行补充阅读。以小组合作方式，绘制"现代诗创作方法"思维导图，了解现代诗创作的基本方法。

七、教学过程

（一）补写诗歌，激趣导入

诗是一种借助意象营造某种意境，能引起读者想象，唤起读者的情感共鸣，带给读者强烈的审美体验，并且具有音乐韵律美的文学体裁。

教师隐去下文诗歌中划线句子，要求学生补写诗歌，激发学生对现代诗的兴趣，体悟现代诗歌语言与情感之间的对应关系。

"微风轻拂水面，在水面上吹起层层涟漪，一道道，一行行。"这是散文的语言；"风在水面写诗"这是诗歌的语言。诗歌的语言凝练，具有极强的跳跃性，富有想象力，极具诗意。

（二）现代诗歌的特点

1. 格式上：分行排列

卡勒认为："一段文字是否是诗，未必取决于语言本身，而是取决于文字排列，即视觉形式。"

（1）出示便条，要求学生自行分行排列，让其有诗味。

"我吃了放在冰箱里的梅子。它们大概是你留着当早餐吃的。请原谅，它们太可口了，那么甜，又那么凉。"

（2）利用多媒体展美国作家威廉斯对这一便条的分行处理，凸显分行排列对现代诗的作用。

便 条

威廉姆斯 [美]

我吃了

放在

冰箱里的

梅子

它们

大概是你

留着

早餐吃的

请原谅

它们太可口了

那么甜

又那么凉

（3）分行排列是现代诗歌最为显著的特征，给人一种空间错落感，带给读者美的感受。《便条》将本是陈述事实的应用文体进行文字结构的处理，读起来回味无穷。让学生明白不同文体、不同表达方式所起的效果也会迥然不同，初步感知现代诗歌，引导学生要关注写作的交际语境。

（4）比较阅读"打开鸟笼的门让鸟飞走把自由还给鸟笼"和"打开/鸟笼的/门/让鸟飞/走/把自由/还给/鸟/笼。"

（5）学生写一段文字，试着给它分行排列并有感情地读一读。

2.思想上：真情实意

《毛诗序·大序》说："诗者，志之所之也，在心为志，发言为诗，情动于中而形于言。"诗歌的感情是整首诗的灵魂。举例说明：学生之前所学，林徽因的《你是人间的四月天》用女性独特的视角表达了对新生儿的到来的喜悦；徐志摩笔下的《再别康桥》之所以美丽动人，是因为诗人对康桥倾注了独特的情感;戴望舒的《雨巷》写的只是常人眼中再寻常不过的雨巷,因为作者忧郁;彷徨等情感的倾注让雨巷充满了神秘梦幻的色彩。由此可见,要写出让读者产生共鸣的诗歌,关键是加入作者自身的独特的情感和感悟。

3. 内容上：想象丰富

生活不止眼前的苟且,还有诗和远方。插上想象的翅膀,才能于平凡处看到不平凡。想象是现代诗歌的创作的源泉,也是诗意的仓库,通过想象才能巧言动容,思接千载,才能拥有远方。

好的想象本身就是一首诗,没有想象、联想和幻想,也就没有诗。教师通过电子白板一体机展示诗歌个案,带领学生一起欣赏。如雪莱《致云雀》一诗中云雀这一形象,并不纯然是自然界中的云雀,而是诗人经过联想与想象后,产生的一个具有理想自我形象或诗人理想的形象载体,而诗歌的第二节是诗人一切想象的依据。郭沫若的《天狗》"我是一条天狗呀!我把月来吞了,我把日来吞了,我把一切的星球来吞了,我把全宇宙来吞了。"何舟《剪刀》中所说"张开你的大嘴巴,为人民服务。"这些诗歌都充满了奇特的想象,拓宽了诗歌的意境,丰富地增强了现代诗歌的魅力。

4. 语言上：凝练具有跳跃性

现代诗歌因其想象丰富,语言也具有较强的跳跃性,语言上往往凝练含蓄。但语言风格上也因人而异,如冰心的语言形象生动,整体风格上华美典雅,较为清丽;郭沫若语言上自由奔放,较为活泼,富有浪漫主义气息;顾城作为朦胧派诗人代表,语言上曲折隐晦,常用象征手法,语言风格较为曲折含蓄。不同的诗人风格多少也会有所差别,但不可否认,现代诗歌语言总体上具有跳跃性,较为凝练含蓄,学生可以根据自身性格特点和喜好,选择合适自己的语言表达。

(三) 怎样写诗

1. 分行排列

尝试根据内容、情感等进行合理分行。

2. 立意新颖

王夫之说过:"无论诗歌与长行文字,俱以意为主。意犹帅也,无帅之兵,谓之乌合。"苏轼也说:"诗者,不可以言语求而得,必将深观其意焉。"这是强调意的重要性,实际上意不光重要,还应该新颖,应该写出"人人心中有,人人笔下无"的新意来,并有独特新奇的发现和感受。如姜二嫂"灯把黑夜烫了个洞"这样的表述就很新颖奇特。

3. 联想自然

联想自然即从眼前的事物触发灵感,联想到彼事物,把彼此自然联结起来,没有牵强附会之感。

如杨树林的《雄鸡》,由祖国地形图想到了雄鸡,由雄鸡想到了羽毛,由羽毛想到了"飞",寄托了作者热爱祖国献身祖国的一片赤子之情。

小作者看见院子里的景色,心中自然联想起了曾经在院子里忙碌的人,怀念之情油然而生。

4. 语言陌生化

尝试活用词语,将文言文的词类活用知识运用到现代诗歌创作中,创造性地对日常熟悉的词语和句子进行个性化创新。

比较"迎面走来的是一位戴着红领巾的小脸红扑扑的女孩"和"戴着红领巾,小脸红扑扑,迎面走来的是一位小女孩。"这两句话的不同。

我们发现后面的短句比前面的长句读起来更有种新鲜的味道,这说明词语位置和顺序的排列不同可以造成语言的陌生化。

如林徽因在《你是人间的四月天》中"那轻/那娉婷/你是""雪化后那片鹅黄/你像;新鲜/初放芽的绿/你是;柔嫩喜悦,水光浮动着你梦期待中白莲。"通过语言的重组给人营造出一种陌生化的效果,读来新奇而舒爽。

5. 饱含真情

"作文在乎真,唯真能达情"。现代诗歌创作需要真情流露,比如流沙河的《哄小儿》样的诗句,虽然是普通的场景,却表达出极为复杂、悲痛、深切的思想感情，感人泪下。

（四）仿写诗歌

要求学生选择某一事物，可以通过情境表达自己的思想感受。仿写冰心《繁星》中的"墙角的花，你孤芳自赏时，天地便小了。"

（五）学生活动

1. 开展"致敬·青春"诗歌诵读会。

（1）我是朗诵总指挥：给自创诗歌写脚本，试着画节奏、标重音，在反复朗诵中调整语速、语调、语气等，说出你处理的依据。

（2）我为诗歌配乐曲：挑选一首适合自创诗歌的乐曲，分享选择的理由。

（3）诗歌朗诵我最行：在"致敬·青春"诗歌诵读会上，诵读自己的诗歌，倾听同伴的诵读。

（4）三人行必有我师：在借鉴和交流中修改并完善自己的诗歌。

以上活动融合"品评——分享——修改"三个环节，助力诗歌鉴赏能力提升。

①组内品评。学生将自己的诗歌在本组内交流，解释自己的诗歌创作缘由与构思。

②班级分享。各小组向全班分享本组代表作，班级就其意象、情感、格律、手法四方面进行点评。

③修改提升。学生结合品评和分享阶段师生给出的建议，修改自己的诗作。

2. 组建编委会，编辑班级诗集。

（1）请给自创诗歌配插图（可找人帮忙）。

（2）互相评价后写一份150字左右的诗歌短评。

（3）使用统一纸张将诗歌、插图、诗评进行精心编排，制作微型手抄报。

任务的设立旨在引导学生在选稿、修改、编辑成册过程中提高鉴赏新诗的水平，尝试创作诗歌，更是为了激发学生深入思考青春的价值，从而落实主任务群"文学阅读与写作"和任务群"语言积累、梳理与探究""思辨性阅读与表达""中国现当代作家作品研习"等的相关学习要求。

第四节　高中交际语境写作教学 4
——《来自"我"的呼吁》写作教学设计

一、教学目标

（一）教师通过对写作要素分析使学生树立读者意识。

（二）引导学生为达到写作目标而选择合适的作者身份、文体和表达方式。

（三）教师通过设立真实的写作任务情景，启发学生联系生活经验，使学生能够根据个人经历，抒发真情实感，达到为交际而做的写作目的。

二、教学重点

设立贴切学生生活实际的写作任务情景，引导学生分析写作要素。

三、教学准备

（一）教师通过多媒体播放放学路况视频，调动学生兴趣。

（二）制定评价量表，启发学生思考。

四、教学课时

三个课时

五、教学过程

（一）情景导入

1.师：对于学生来说，最悦耳的声音莫过于下课铃声，最让人激动的时刻莫过于放学的傍晚，但是老师就发现呀，对于你们而言，莫言放学便无难，赚得学子空喜欢，正入万山堵车里，一车放过一车拦。有时候我看见你们下课拿着行李高高兴兴奔向父母身旁，但是看到门口外面长长的车海，又挺心疼你们宝贵的放学时间在堵车过程中流逝，你们是不是也想解决这个堵车的现状呀？

2.师：（展示放学交通路况视频和写作任务）桂林市L市中学位于桂林市郊区，交通配套设施满足不了日常师生往返的需要，最近一个公交车站点距离该校远达2.5公里，且该公交站只有一趟公交车线路，学生放学都是靠家长自驾接送，每当放学时间，校外马路都塞满了家长的车，造成交通堵塞。这个情况不但造成学生往返学校麻烦，给家长带来额外的时间负担，还造成了交通拥堵，给市民出行带来诸多不便。针对这个情况，请你写一篇文章，提出合理的建议。

3.师：同学们的建议和设想对于缓解咱们学校周末交通拥堵很有帮助，但是我们提意见都会有不同的听众，而且发言角色、身份和发言场合不同，也需要采取不同的语气和方式。现在每位同学在发言前，设定一下自己的角色身份，根据不同的发言场合和听众身份来选择合适的表达方式。

（二）写前指导

1.朗读下面两个文段

（1）用餐的时间到了，餐车现在开始营业，我们为您准备的主食有便当、馒头、快餐等，副食有饮料、水果、鸡蛋等，价格公道合理，餐车设在列车运行的五号车厢，餐车工作人员欢迎您的到来。

（2）旅客朋友们，我们又迎来了一个美丽的早晨。大家知道科学的饮食对人的健康很重要，多样化的饮食也能够增添我们的生活乐趣。您是否愿意改变一下您多年一成不变的口味和饮食习惯呢？欢迎您到餐车间来观察感受。我们提供的主食和副食分别有……

2.思考问题

（1）找出两个句子的情景背景，受众，表达目的。

（2）这两个文段都是为了推销食品，你认为哪段能更吸引旅客注意力并更容易达到销售目的？为什么？

（3）你受到了什么启发？

3.同桌之间互相交流讨论，全班交流并发表想法

4.教师进行总结，展示并补充学生答案

（1）两个文段都是在火车上销售餐饮，为满足旅客的饮食需求以达到销售目的。

（2）第二个文段交际意识增强，有了明确的读者对象和目的意识，在表达想法时候要在特定的情景下对确定的读者表达出目的意识，才能更好的运用文字完成交流目的。

5.分析话题

（1）出示分析要求

师出示RAFT写作策略，让学生了解并知晓一篇文章的包括要素，如读者意识、写作主体、写作目的、文章体裁、语言风格等。

（2）学生根据写作任务拟定适合自己写作要素方面，并交流讨论，教师进行补充总结，并把学生交流成果写在幻灯片上。

（三）列大纲，指导训练

1.学生拟写大纲（随机抽选几位学生，把习作写在幻灯片上，备评改。）

2.出示评价参考层级和写作评价量表

学生围绕评价参考层级和写作评价量表发表看法，作者自评，教师补充总结。

3.评改学生大纲

（1）幻灯片出示学生大纲

（2）学生自改

学生参照评改要点，修改自己的大纲，教师巡视指导。

总结：要想把文章写好，一定要逻辑清楚且层层深入，编写好的大纲和题目是一篇好文章的开始，说理方式可以举例子、正反说理、层层递进等。行文安排可以选择顺序、倒叙、插叙写作手法。

（四）教学片段

师：对于学生来说，最悦耳的声音莫过于下课铃声，最让人激动的时刻莫过于放学的傍晚，但是老师就发现呀，对于你们而言，莫言放学便无难，赚得学子空喜欢，正入万山堵车里，一车放过一车栏。有时候我看见你们下课拿着行李高高兴兴奔向父母身旁，但是看到门口外面长长的车海，又挺心疼你们宝贵的放学时间在堵车过程中流逝，你们是不是也想解决这个堵车的现状呀？生齐答：想！

师：你们认为有什么方法可以缓解交通拥堵？

生A：政府就近设立公交车站点并开设多条公交车线路，以满足不同居住地学生的出行。

生B：政府制定学生出行交通路线。

生C：政府增加汽车驾驶道路，使汽车分流驾驶。

生D：学校按年级进行批次放学。

师：同学们的建议和设想对于缓解咱们学校周末交通拥堵很有帮助，但是我们提意见都会有不同的听众，而且发言角色、身份和发言场合不同，也需要采取不同的语气和方式。现在每位同学在发言前，设定一下自己的角色身份，根据不同的发言场合和听众身份来选择合适的表达方式。

学生A：在角色选择方面，我打算选择附近出行居民作为作者视角，然后向桂林市晚报反映这一现状，通过获取社会和政府的关注，然后让政府采取办法解决这一现状，因为我家就住在附近，虽然每次放学我都可以步行回家，但是依然对我一家出行造成很大影响，因为每次周末放学，这一路段都很拥堵。

师：很好，你既然确定了你写作的角色和读者范围，那么你打算采用什么样的文体和风格的进行反映？

生A：因为是通过报刊类渠道进行反映，读者大部分为市民，而且市民的知识背景水平不一，我或许要采用平实自然的记叙文体。

生B：既然A同学选择向报社进行反映，那我就选择以记者的身份对这一现象进行跟踪报道，以新闻类的方式将这一问题向社会和政府反映，希望能够得到他们的关注。

生 C：我可以以学生的身份打电话给市长热线，作为学生，我能切身体会到每次放学被堵半个多小时的痛苦!

师：既然是通过对话来完成你的表达，那么你选择的语言风格是什么呢?

生 C：口语化。

……

（五）初稿训练

1.再次出示写作任务，结合评价参考层级和写作评价量表写一篇文章，500字以上，文体自拟。

（1）出示评价参考层级和写作评价量表

（2）学生拟写

按照以上要求，请学生按照自己喜欢的方式进行写作，教师巡视，观察和指导学生写作，了解学生的写作情况。

（3）写后交流互评，并让学生思考

①是否具有明确的读者意识?

②主题、措辞、题目是否紧扣写作目的?

③有什么修改建议，理由是?

2.小结：这几节课，同学们表现非常精彩，让老师能够聆听到你们的想法和欣赏到你们的智慧，其实要写好一篇文章并不难，只要你们写出自己的真情实感，真诚地和读者们对话，希望同学们能够继续用自己手中的笔尖，去捕捉生活的细节、世界的美，做到眼中有美，心中有情。

参 考 文 献

[1] 董欣. 高中语文交际语境写作教学策略研究 [D]. 中央民族大学, 2018.

[2] 柳思佳. 交际语境写作教学任务设计研究 [D]. 华东师范大学, 2017.

[3] 祁超然. 初中语文交际语境写作教学策略研究 [J]. 教育界：基础教育, 2018(8):2.

[4] 沈静. 以说促写 合作交流——初中语文交际语境写作教学策略的思考 [J]. 作文成功之路 (中), 2018(9).

[5] 赖泽富. 以说促写合作交流——初中语文交际语境写作教学策略的思考 [J]. 读写算, 2018.

[6] 郭丽君. 初中语文交际语境写作教学探究 [J]. 陕西师范大学, 2019.

[7] 洪真. 交际语境写作教学的策略研究 [J]. 高考, 2020(22):1.

[8] 吴广蕾. 八年级实用类作文交际语境写作教学研究 [D]. 内蒙古师范大学, 2020.

[9] 黎雪芹. 初中语文交际语境写作教学探究 [J]. 2020.

[10] 李萍. 新课标视域下高中语文交际语境写作教学研究 [D]. 江西师范大学, 2021.

[11] 李燕秋, 胡根林. 交际语境写作教学的实践理据探寻——2017 年度语文教育论著评析之三 [J]. 中学语文, 2018(28):5.

[12] 蔡秀红. 高中语文交际语境写作教学实践 [J]. 天津教育, 2022(30):

141-143.

[13] 曹国锋. 具身, 具象, 具法: 交际语境写作教学的策略探索[J]. 中国教师, 2023(4):7.

[14] 张丽娜. 交际语境写作教学"三具"思想的实际运用——"味中之道: 在写作中唤醒沉睡的感受"教学课例[J]. 中国教师, 2023(4):4.

[15] 祝荣泉. 基于教材文本的"情境变式": 交际语境写作教学的有效路径[J]. 江苏教育, 2022(91):31-34.

[16] 谢燕萍. 搭建支架: 指向关键问题解决的交际语境写作教学策略——以教学"抓住事物的特征"为例[J]. 语文教学通讯, 2023(2):77-80.

[17] 颜小静. 思维支架在交际语境写作教学中的运用[J]. 教师, 2020(25):2.

[18] 陈家尧. 初中交际语境写作教学实践研究[D]. 重庆师范大学, 2023.

[19] 邱光军, 孔凡成. 交际语境写作教学研究的发展与走向[J]. 语文教学通讯, 2020(7):4.

[20] 张吉. 交际语境视野下的于永正写作教学研究[J]. 文学教育, 2019(20):2.

[21] 葛林高. 交际语境写作教学诊断与实践突围[J]. 小学教学参考, 2021(10):4.